ADRIEN BERNHEIM

TRENTE ANS
DE
THÉATRE

— DEUXIÈME SÉRIE —

LES THÉATRES POPULAIRES — SOUVENIRS

PARIS
BIBLIOTHÈQUE-CHARPENTIER
EUGÈNE FASQUELLE, ÉDITEUR
11, RUE DE GRENELLE, 11

Extrait du Catalogue de la BIBLIOTHÈQUE-CHARPENTIER
à 3 fr. 50 le volume
EUGÈNE FASQUELLE, ÉDITEUR, 11, RUE DE GRENELLE

OUVRAGES SUR LE THÉÂTRE ET LA MUSIQUE

BECQ DE FOUQUIÈRES
L'Art de la mise en scène. . . . . 1 vol.
Traité de diction. . . . . 1 vol.

ADRIEN BERNHEIM
Trente ans de Théâtre. . . . . 2 vol.

GEORGES BOURDON
Les Théâtres anglais. . . . . 1 vol.

LÉON BRÉMONT
L'Art de dire les Vers. . . . . 1 vol.

ALFRED BRUNEAU
Musiques d'hier et de demain . . . . 1 vol.
La Musique française . . . . 1 vol.
Musiques de Russie et Musiciens de France. 1 vol.

THÉOPHILE GAUTIER
Souvenirs de théâtre, d'art et de critique. 1 vol.

CATULLE MENDÈS
Richard Wagner. . . . . 1 vol.
L'Art au Théâtre, 1895, 1896 et 1897. 3 vol.

NOEL ET STOULLIG
Annales du Théâtre et de la Musique, de 1875 à 1894. (Années 1875, 1881, 1882 épuisées.) . . 20 vol.

LÉON PILLAUT
Instruments et Musiciens. . . . . 1 vol.

LOUIS DE VIEL-CASTEL
Essai sur le théâtre espagnol. . . . . 2 vol.

RICHARD WAGNER
Musiciens, Poëtes et Philosophes, traduction de Camille Benoit. . . . . 1 vol.

VICTOR WILDER
Mozart, l'homme et l'artiste. . . . . 1 vol.
Beethoven, sa vie et son œuvre . . . . 1 vol.

ÉMILE ZOLA
Le Naturalisme au théâtre. . . . . 1 v.
Nos auteurs dramatiques. . . . . 1 v.

ADRIEN BERNHEIM

TRENTE ANS
DE
THÉATRE

— DEUXIÈME SÉRIE —

LES THÉATRES POPULAIRES — SOUVENIRS

PARIS
BIBLIOTHÈQUE-CHARPENTIER
EUGÈNE FASQUELLE, ÉDITEUR
11, RUE DE GRENELLE, 11
—
1904

Tous droits réservés.

LES THÉATRES POPULAIRES

LES THÉATRES POPULAIRES

EN ALSACE

Le 20 décembre 1899, muni des passeports qui devaient m'ouvrir les portes des théâtres populaires de l'étranger, je me mettais en route... On m'avait dit que Strasbourg possédait un théâtre populaire modèle: je m'arrêtai à Strasbourg... Je n'avais pas revu, depuis 1869, la fameuse cathédrale... Je venais de recevoir, des mains augustes de l'archevêque Darboy, les cinq premiers prix de la classe de neuvième du lycée Saint-Louis, et, pour me récompenser d'un succès qui ne s'est d'ailleurs jamais renouvelé, mes parents m'offraient mon premier grand voyage. Il n'y avait pas alors d'express-orient;

et les diligences étaient encore fort en honneur dans l'Alsace et les Vosges. Oh! le col de la Schlucht, le mont Honeck et ces vieilles abbayes chères à Gautier! Oh! ces sonneries de grelots, ces claquements de fouets, ces bruits de ferraille et, dans la nuit fraîche, cette fumée de sueur et d'haleine enveloppant les joyeux attelages en marche! Oh! ces guimbardes délicieusement incommodes qui vous donnaient le loisir d'admirer ces belles routes des Vosges aujourd'hui encombrées par les cent à l'heure! N'était-il pas exquis d'employer trois jours à ce qui peut maintenant se faire en trois heures? On ne passait pas à l'état de colis blotti dans une machine à vapeur!

Je songeai à ces diligences en débarquant à Strasbourg et je ne trouvai, pour timbrer mes papiers, qu'un gros homme rouge, revêtu d'un uniforme plus rouge encore sur lequel s'étalaient des blasons brodés en or. C'était le chef de gare... Autour de lui se tenaient groupés, alignés, astiqués, faisant cercle, de jeunes hommes sévères, aspirant évidemment aux mêmes blasons dorés. Puis, sur les quais de la gare immense, à droite, à gauche, en avant, en arrière, au-dessus, au-dessous, des centaines de voyageurs grouillaient, les uns attendant les trains, les autres venus pour les voir passer, tous tristes comme s'ils se rendaient à un convoi funèbre. Les caisses des wagons étaient peintes en vert, un vert litre, un affreux vert bouteille que nous avons adopté pour nos fourgons funéraires; les mâts et les signaux eux-mêmes avaient les couleurs de Prusse. Voilà ce qu'était devenue la gare de mon premier grand voyage! J'allais retrouver morne et endeuillée la ville d'Alsace, naguère si vivante et si joyeuse!... Et je n'ai voulu revoir ni la cathédrale ni cette rue de la Nuée-Bleue dont j'avais retenu le joli nom! Je n'ai même pas demandé des nouvelles du Coq d'Alsace! Un lugubre ciel de décembre rendait cette arrivée plus maussade encore... Il semblait que la nature, dont les joies ne coïncident pas toujours avec nos tristesses, avait pris soin de se mettre à l'unisson de nos cœurs...

Le directeur du théâtre, — Stadt Theater, — M. Engel, comme s'il avait deviné notre douloureuse impression, tenta de nous rassurer. Il nous expliqua que Strasbourg était resté français et que rien n'y est à la mode que ce qui vient de Paris. Je marquai ma surprise... Il nous conta que les jeunes gens qui travaillent autour des chaires de Strasbourg considèrent qu'ils n'ont pas terminé leurs études s'ils ne sont venus faire un tour et même un long stage à Paris, au Quartier Latin. Il ajouta que dans sa saison théâtrale qui dure huit mois, seules les représentations françaises réussissent et rapportent. Pour ces soirées, les annexés — c'est notre impresario qui parle — veulent bien sortir de leurs retraites. Ce sont des fêtes, où la politique n'a rien à voir et auxquelles tous les habitants prennent part, oubliant l'éternelle blessure. Visiblement, M. Engel, qui parlait d'ailleurs le français avec correction, avait préparé en notre honneur cette aimable allocution.

Le soir, M. Engel nous convia à une représentation de la *Flûte enchantée*. L'affiche nous annonçait un opéra en deux actes et quinze tableaux, des souterrains, des grottes de feu, des jets d'eau et des apothéoses. La direction strasbourgeoise avait pris, avec le chef-d'œuvre de Mozart, de surprenantes libertés ; je ne reconnus plus du tout notre Papageno de la salle Favart, et je crois bien que les doux habitués de notre Opéra-Comique n'auraient été qu'à demi satisfaits des roulades de la trop bien portante reine de la nuit. Quant au texte — est-ce bien un mal? — il avait été radicalement supprimé. Bref, l'œuvre se trouvait par des mains impies, mais non inhabiles, transformée en féerie à spectacle : la musique ne tenait plus qu'une place accessoire: les trucs, les changements à vue, les décors à eau absorbaient tout... M. Engel me déclara que la plupart des grands théâtres de l'étranger faisaient de même... Pauvre Mozart!

Et puis il s'agissait bien des opéras, des comédies, des drames, des vaudevilles, des opérettes, des féeries, — car le théâtre, moyennant une subvention de 300.000 francs, devait être ouvert tous les soirs et faire marcher une double et même une triple troupe... Non ! M. Engel était tout entier aux représentations populaires qu'il venait d'organiser et qui donnaient déjà d'appréciables résultats... La saison commençait à peine et déjà il avait offert trois spectacles populaires classiques, presque des spectacles gratuits, puisque toutes les places coûtaient dix sous. En octobre, on avait joué la *Jeanne d'Arc* de Schiller ; en novembre, le *Guillaume Tell* du même Schiller, et en décembre le *Tsar et Charpentier* de Lortzing. Chaque fois on avait fait salle comble et chaque fois, malgré la modicité du prix des places et grâce à un système de location des plus ingénieux, on encaissait une recette de 500 francs.

Ce système, dont l'invention revient à M. Engel, consiste à faire tirer au sort, la veille du spectacle, à la mairie de Strasbourg, les coupons de spectacles populaires. Ce tirage est fort simple : à l'intérieur de la salle de la mairie, trois tables sont dressées : trois commissaires, assistés d'un conseiller municipal et du directeur du théâtre veillent à l'exécution des moindres détails. Les bureaux ne sont pas ouverts le soir et, de cette façon, tout un petit peuple s'amuse à bon compte, sans perdre de temps, sans se bousculer, sans se quereller, sans stationner aux portes du théâtre durant de longues heures, et, ajoutons-le, sans trafic possible pour les vendeurs de billets.

*

Certes cette loterie théâtrale comporte de sérieux avantages. J'en ai expliqué à mon retour le fonctionnement à certains de nos directeurs qui cherchent les moyens de perfectionner leurs représentations gratuites ou populaires. Mais ce qui est facile dans une ville comme Strasbourg ne l'est pas toujours dans une capitale comme la nôtre. Autres villes, autres mœurs et aussi autres théâtres...

On ne conçoit guère nos mairies de Paris organisant, la veille de nos représentations gratuites, des loteries semblables à celle du théâtre de Strasbourg. Il faudrait, si l'on voulait appliquer cette méthode, établir un roulement entre nos théâtres et nos mairies. Qu'en penseraient nos honorables adjoints? Le principe des représentations gratuites est excellent : encore faut-il que l'exécution en soit bonne. Or, sait-on qu'en 1894, quand les spectacles gratuits remplacèrent à l'Opéra les représentations populaires hebdomadaires inaugurées par la direction Bertrand, des accidents mortels, des congestions par le froid se produisirent? La direction de l'Opéra demanda, judicieusement, l'autorisation de donner ses quatre spectacles gratuits non plus à date fixe mais à des époques où la température est clémente. Mais à peine MM. Bertrand et Gailhard avaient-ils porté remède à ce mal, qu'ils constatèrent que les sous-officiers, profitant de la faveur qui leur est accordée de ne pas faire queue aux portes du théâtre, envahissaient la salle. Le second « gratuit » fut un véritable gala militaire: l'effet était superbe... Le lendemain, le gouvernement de la Place recevait force réclamations et, d'accord avec la direction du théâtre, il décrétait que les sous-officiers n'auraient plus droit qu'à deux cents places par représentation gratuite. Du coup, on supprimait les galas militaires gratuits.

Pauvre Eugène Spuller! Se serait-il douté, le jour où il signait l'arrêté ministériel des quatre « gratuits » de l'Opéra, que sa décision amènerait un conflit entre le militaire et le civil? Ce n'est pas tout... L'affreux marchand de billets n'organise-t-il pas, pour ces soirées comme pour les spectacles à recettes, un service adroitement compris et ne confie-t-il pas à ses plus avisés collaborateurs le soin de s'installer, dès le matin, aux portes du théâtre?... Et les abonnés de nos « gratuits » s'adressent au marchand qui, toujours là, fidèle au poste, leur assure les meilleures places!...

La direction du théâtre de Strasbourg prévit ces écueils. Elle a été naturellement suivie par les grands théâtres d'Allemagne tels que ceux de Wiesbaden, de Mannheim, de Dresde, de Francfort.

Toutefois, je remarque que la représentation gratuite reste inconnue en Alsace, en Allemagne et en Autriche. J'en fais l'observation à M. Engel, qui me répond :

— C'est là votre vraie force! Nous n'avons nulle part de spectacle gratuit. Nous n'avons point non plus à Strasbourg, ni à Vienne, ni à Berlin, ces théâtres « d'autour la grand'ville » que je visitai à Paris.

Ces théâtres « d'autour la grand'ville », ce sont, on le devine, nos théâtres de quartiers et de faubourgs... M. Engel en reconnaît la double supériorité qu'il attribue à la solidité du répertoire et à l'ensemble des troupes...

— Vous verrez, ajoute-t-il en souriant, que

l'avantage est de votre côté! Les *Volkstheater*, c'est-à-dire les théâtres du peuple, sont ce que vous appelez vulgairement des petits théâtres, plus ou moins bien gérés chez nous par des commerçants qui, désireux de faire de bonnes affaires, suivent le goût du public, sans se préoccuper de l'art!...

* *

M. Engel ne nous disait que trop vrai... Le lendemain, je m'embarquai pour Munich, et je dus, à mon regret, constater que la ville qui donna, pour la première fois, *Tristan*, les *Maîtres chanteurs*, l'*Or du Rhin*, la *Walkyrie*, n'a pas de théâtres populaires.

Assurément le tarif des places est fort abordable dans les grands théâtres comme dans les petits, au théâtre de la Résidence (la Comédie), comme au Colosseum (les Folies-Bergères), aux concerts du soir de l'Odéon Royal (concerts classiques), comme à ceux de la grande salle de la cour de Bavière.

Cette modicité des tarifs des places reste le

grand argument des directeurs de théâtre de Munich...

Ces Messieurs objectent également qu'alors que les théâtres d'été tendent chez nous à disparaître, l'Allemagne, au contraire, crée des salles d'été, des répertoires d'été, des orchestres d'été et aussi des publics d'été...

L'Allemagne a bien, en effet, ses théâtres d'été. « Partout, écrivait malicieusement J.-J. Weiss, où il existe une garnison suffisante pour fournir avec ses officiers, ses sous-officiers, ses porte-épées et ses soldats *avantageux* un premier fonds de spectacle, le Théâtre d'Eté, le *Sommertheater*, n'est pas long à construire et à s'installer : des planches sur deux paires de tréteaux avec une toile de fond forment la scène : une vieille cour d'auberge plantée d'arbres est la salle. Quant au répertoire, il est composé de vieux vaudevilles français dont l'action est transportée d'un côté des Vosges à l'autre et donnent la matière d'un *Lutspiel* et d'une *Posse* tout neufs. Aux entr'actes l'orchestre exécute plus souvent du Delibes, du Lecocq que du Brahms ou du Raff. On paye soixante kreutzers : on s'attable sous un platane devant une chope de bière et l'on s'en va vers dix heures... »

Voilà le *Sommertheater*. Est-il bien supérieur à nos cirques et à nos cafés-concerts, et si l'on excepte le *Krolltheater*, le *Sommertheater* possède-t-il deux grandes scènes qui, comme l'Opéra et la Comédie, restent ouvertes toute l'année? Ici encore, à l'exemple de M. Engel, les impresarii de Munich proclament que la victoire est à nous...

J'étais rassuré... Le théâtre immensément populaire, le théâtre répondant à la pensée du peuple, le théâtre qui circulerait dans les moindres villages, le théâtre-roulotte de M. Catulle Mendès, existe moins encore en Allemagne que chez nous. Oh! je ne nie point l'unité musicale allemande... Je sais, pour l'avoir appris dans nos classiques, que le génie des grands musiciens d'Allemagne pénètre dans tous les rangs de la population... Mais les *Volkstheater* parfaits, tels qu'on me les avait décrits, je ne les trouvai ni à Strasbourg ni à Munich, et, d'après les renseignements donnés par les Allemands eux-mêmes, il y avait bien des chances pour que je n'eusse point la joie de faire de telles découvertes.

Je pris donc, tout regaillardi, le chemin de la gare de Munich et montai dans l'express de Vienne. Je retrouvai à la gare de Munich, comme à celle de Strasbourg, des homme gros, rouges, chamarrés d'or, des compartiments vert bouteille, des voyageurs stationnant sur les quais... Et tout ce qui, à Strasbourg, était si effroyablement triste, me parut à Munich tout naturel... C'est que Munich n'était point parmi les villes de mon premier grand voyage — un an avant la guerre!...

A VIENNE

La frontière est atteinte. Les douaniers ont fait leur œuvre; des différences de formes attestent que nous passons d'une contrée dans une autre; le ciel est gris et brouillé; le froid rougit nos visages consciencieusement penchés à la portière du wagon vert-bouteille... Voici Vienne. Nous sautons dans une calèche élégante, capitonnée, rembourrée, passementée; c'est la voiture viennoise de première classe, une des gloires de la capitale! Déjà, malgré l'heure matinale, une animation extraordinaire règne dans la ville; on va, on vient, on monte, on descend, on cause, on chante, on rit; çà et là, des orchestres jouent le *Beau Danube bleu* et autres valses du pays; tout ce mouvement ressemble à de la joie. Peu de boutiques, pas trop de brasseries, beaucoup de cafés et encore plus de magasins; des hommes, des femmes, des enfants, tous le sourire aux lèvres, bravant le vent qui redouble, sont installés devant les *restaurations*, dégustant de formidables *kapuziners*, — lisez des cafés au lait : et quels cafés au lait!... Nous arrivons à l'hôtel. Un homme affable, souriant, nous attend; il a réservé une chambre gaie, spacieuse; il nous fait les honneurs de sa maison; elle est propre, confortable, moderne; des images de madones décorent les longs corridors. A chaque étage, notre bon maître d'hôtel nous demande d'admirer les nouveaux systèmes d'électricité, répétant :

— De vrais jeux d'orgues! Vous voyez que nous connaissons l'organisation de vos théâtres parisiens!

Car il adore le théâtre et, naturellement, le théâtre français surtout... Bref, notre bon maître se donne la peine de bien nous recevoir et de nous faire fête. Un peu d'apprêt et de convenu dans cette galanterie viennoise. Mais qu'importe! Nous sommes loin de la lourdeur de nos gros hommes rouges à écussons dorés précédemment entrevus... Notre malle fait son entrée; le bon maître, après nous avoir mis au courant de ses projets d'avenir, tels que la création d'un théâtre dans l'hôtel même, prend congé de nous. Un domestique survient et, avec ce sourire qui nous poursuit depuis la gare, nous présente ses devoirs. *Guten Morgen!* madame et monsieur. Il ne sait pas un mot de français. Par bonheur, *meine Frau* est mon interprète et je suis ainsi délivré de cette stupide et ridicule pantomime à laquelle, pauvre célibataire, je me livrais jadis dans les hôtels étrangers, lorsque je voulais manger, boire ou écrire !

Un visiteur se fait annoncer. C'est M. Buckowitz, le directeur du théâtre populaire, le Volkstheater de Vienne. Il sait l'objet de mon voyage. Immédiatement, il me conte sa vie. Il a longtemps habité Paris; il y a été le correspondant de grands journaux autrichiens; il a traduit en langue allemande plusieurs de nos ouvrages modernes, entre autres *Madame Sans-Gêne* et *Francillon*. Il a contribué au succès, chaque jour grandissant, de notre théâtre à l'étranger; il connaît jusqu'à nos mœurs théâtrales; mais, ici, il fait ses réserves : il regrette le temps où, nos spectacles parisiens commençant à six heures et finissant à dix, on soupait joyeusement après le théâtre; il affirme que la mode nouvelle — le dîner à huit heures et le théâtre à neuf heures — est funeste à l'art dramatique et encore plus aux directeurs de théâtre. A ce propos, il proclame qu'un directeur, un impresario, doit être un professeur de théâtre. Il s'excuse bien vite de cette prétention : il rappelle qu'il y a soixante ans un professeur, qui a fait quelque bruit dans le monde, éprouvait une joie particulière à reconnaître, dans les générations incessamment renouvelées devant lui, l'âme même de son pays. A l'exemple de ce professeur, M. Buckowitz fait de ses spectateurs ses élèves, et en ces masses, en ces publics venant chaque année, chaque mois, chaque jour de toutes les provinces, il trouve l'abrégé de l'histoire de l'Autriche. Ce professeur, ajoute-t-il, se nomme Michelet... Michelet et le directeur du Volkstheater de Vienne, il y a là un assemblage de noms qui étonne bien un peu, mais notre professeur-directeur, qui sait décidément ses classiques, objecte que, lorsqu'il s'agit de théâtre populaire, le nom de Michelet doit être là, devant nos yeux, inscrit en lettres d'or.

— Et puis, voulez-vous la vérité, toute la vérité sur nos théâtres en général et sur nos *Volkstheater* en particulier? s'écrie-t-il dans un bel accès de sincérité.

— Je ne suis venu que pour ça!

— Eh bien! nos théâtres, ce ne sont pas des lieux de plaisirs; ce sont des écoles du soir, *Abendschule*. Vous allez au théâtre pour vous distraire. Nous y allons pour nous instruire!

Abendschule! Le cri d'alarme était jeté. A Strasbourg, M. Engel m'avait avoué que le « spectacle gratuit » n'existe pas à l'étranger. A Munich, j'avais vainement cherché le véritable *Volkstheater*. A Vienne, c'est le directeur du Volkstheater lui-même qui, procédant par comparaison et s'assimilant à un maître d'école, me donne le mot de l'énigme.

École du soir!... Je comprends alors sa théorie, en apparence si subtile, appuyée sur l'exemple de Michelet... Il en a dit assez pour une première visite : l'heure de la répétition du matin — dix heures! — approche, et il est temps, pour nous, d'enregistrer avec une fidélité scrupuleuse de si précieuses indications. Il est convenu que l'après-midi nous passerons en revue les principaux théâtres de la capitale; il ne nous reste qu'à gagner la *Restauration*.

On nous a dit monts et merveilles de la cuisine viennoise et notre attente n'est pas déçue. Notre bon maître d'hôtel, redoublant de zèle, nous présente le chef suprême de la *Restauration*. Je l'ai autrefois entrevu à Paris, dans un cabaret du boulevard. Il veut bien me reconnaître et je l'en remercie. Eh quoi! ce Parisien dédaigne les poulardes du Mans, les terrines de Nérac, les pâtés de Corse, les raisins de Thomery et les pêches de Montreuil! Il se livre tout entier, corps et âme, aux galanteries culinaires viennoises et nous en sert quelques-unes de sa façon. Comme je le félicite, il me dit que, pour lui, ses clients, ce sont des élèves sans cesse renouvelés... Je l'arrête. Il allait invoquer Michelet! Et voilà comme ce confident discret de nos plus jolies Parisiennes est devenu, sans y penser, professeur, de quelque chose! Tous professeurs! Que d'écoles!

∗ ∗

Le *Volkstheater* de M. Buckowitz est digne de son nom. C'est bien un théâtre populaire, mais un théâtre populaire qui n'est ouvert qu'à la comédie et d'où la musique est exclue; un demi-théâtre populaire.

Sans subvention de l'État, sans appui de la Ville, la direction se donne la fantaisie d'offrir chaque semaine une soirée à prix infiniment réduits (de 3 francs à 60 centimes la place assise et 20 centimes la place debout); le programme est consacré aux œuvres classiques et l'interprétation en est confiée aux plus jeunes artistes de la troupe. Les autres soirs, à l'instar de nos scènes d'État et du théâtre Antoine, M. Buckowitz varie ses spectacles.

Ce théâtre, qui n'a pas de frais excessifs, marche à merveille et doit, tout naturellement, son succès à l'ensemble de sa troupe et à la richesse de son répertoire; les appointements des artistes sont convenables, les costumes des comédiennes sont payés par la direction. A Vienne, pas plus qu'en Allemagne, point de droit des pauvres. Quant à ceux des auteurs, ils se règlent par des traités particuliers entre l'impresario et l'écrivain; une prime de 1.000 florins (1.800 francs) est allouée au dramaturge dont le nom fait recettes. Notre impresario — notre professeur! — estime que l'ouvrage d'un débutant représente, commercialement, une marchandise inférieure à celle de l'auteur à succès, laquelle est garantie d'avance. Il y aurait sans doute beaucoup à dire sur ce mode de perception, mais je n'apprécie point et je constate que notre directeur, tout professeur qu'il est, sait compter...

Quant à l'installation du Volkstheater, elle semble parfaite. Ce théâtre a dix-sept sorties : dix-sept!

— C'est que nos théâtres, ajoute M. Buckowitz, sont des *squares*. J'entends par là qu'ils restent absolument et rigoureusement isolés. Chez nous, le règlement est formel. Jamais, à Vienne, on n'admettrait des théâtres formant deux étages, entourés de boutiques et d'appartements. Le théâtre doit être sans contact possible avec les maisons voisines. Pour tout dire, un théâtre, s'il brûle, doit brûler tout seul!

La visite de ces *squares* fut rapide. Une salle de spectacle prend, quand le jour luit au dehors, un aspect étrange et quelque peu lugubre. Mais il y aurait mauvaise grâce à ne pas reconnaître que ces squares sont excellemment aménagés et que tout y est calculé, combiné, arrangé pour le bien-être du spectateur.

Voici, après le Volkstheater, le *Raimund Theater*, un théâtre tout neuf datant de 1893; il contient 1.600 places; on y joue indistinctement la comédie, le vaudeville et le drame; le fauteuil d'orchestre coûte 5 francs, la place debout 60 centimes. Joli théâtre d'ailleurs que ce *Raimund Theater*, où la Duse et nos étoiles parisiennes remportèrent leurs plus éclatants succès. Voici le théâtre de Vienne, *Wien Theater*, qui compte un siècle d'existence, a 1.800 places et se consacre à l'opérette; même tarif ici qu'au *Raimund Theater*. Voici le *Carl Theater* qui contient 1.300 places; on y joue le drame, l'opérette et la comédie moderne française. Même tarif ici encore, avec cette différence que les jumelles et les programmes sont assurés aux personnes qui ont loué leurs places. Voici le *Theater in der Joseph Stadt*, le plus ancien théâtre de la capitale, qui ne contient que 900 places. Voici le *Jantsch-Wienner*, qui fut inauguré en 1873 et a 1.800 places : il joue principalement les pièces populaires. C'est ce théâtre qui abrita la Comédie-Française quand, il y a quelques années, une partie de la troupe se rendit à Vienne, sous la direction de M. Frédéric Febvre. Voici enfin le *Jubileums-Theater*, un théâtre moderne de 2.000 places, où la stalle de 0 fr. 35 est aussi commode que le fauteuil à 6 francs. C'est le théâtre-modèle, construit à la façon de celui de Budapest.

.·.

Cet aperçu du tarif des places dans les principaux théâtres de Vienne montre combien il serait difficile de fonder un grand, un vrai théâtre du peuple dans une capitale qui compte tant de petites scènes et où le plaisir du théâtre coûte si peu.

La vérité, et ceci ne diminue en rien le mérite du directeur du Volkstheater, est qu'à

Vienne tous les théâtres sont, à proprement parler, des théâtres populaires; le tarif des places reste accessible à tous; de là, peut-être, l'habitude prise par les Viennois de se rendre au spectacle, même à l'Opéra et au Burgtheater (la Comédie), en simples costumes de voyage, autant dire en costumes d'étude. *Abendschule!* L'école, toujours l'école!

L'école encore à l'Opéra, l'école au Burgtheater (la Comédie) et ici l'école subventionnée! Cette subvention — j'aurai l'occasion d'expliquer le mécanisme des subventions allemandes qui ne diffère point de celui employé à Vienne — s'élève à 630.000 francs. Elle roule sur les deux théâtres. L'Opéra prospère-t-il et le Burgtheater se trouve-t-il en déficit? L'Opéra vient au secours de la Comédie ou inversement; le budget des deux scènes subventionnées se trouve ainsi équilibré. L'Opéra jouant tous les genres, depuis le drame lyrique jusqu'à l'opéra-comique, ne peut donner des matinées à prix réduits; il se contente de déléguer son orchestre dans les concerts philharmoniques de la ville. Le Burgtheater — théâtre de la Comédie — fait mieux; il a organisé un abonnement très réduit pour les matinées classiques du dimanche sur le modèle de celui qui fonctionne le jeudi à la Comédie-Française. Les noms de Schiller, de Gœthe, de Shakespeare et quelquefois celui de Molière alternent sur l'affiche, et je me suis laissé dire par les hauts fonctionnaires de l'administration théâtrale d'Autriche que le Burgtheater est, de tous les théâtres d'Europe, celui qui, bien que le sociétariat n'y existe pas, ressemble le plus à notre Comédie. Les représentations y sont, pour la plupart, excellentes et, de l'avis de tous, le Burgtheater justifie son bon renom. C'est le grand théâtre de comédie bien aménagé, bien organisé et bien administré. Mais à Vienne, comme à Munich et à Strasbourg, jamais de spectacles gratuits. Le spectacle gratuit est décidément inconnu à l'étranger.

。*。

Hélas! le temps presse... Il va falloir dire adieu au bon maître d'hôtel, au grand chef de la *Restauration*, à l'aimable M. Buckowitz, à tous ces souriants Viennois... Quand reverrons-nous cette belle et grande ville? Sarcey, qui accompagna la Comédie dans tous ses voyages, et avait gardé de l'expédition à Vienne le meilleur des souvenirs, nous disait, plein d'enthousiasme :

— A Vienne, il y a de la cordialité dans l'air!

Rien n'est plus juste... Vienne reste la grande capitale telle qu'elle nous a été décrite. Elle est la réunion de l'intelligence, de l'activité, du pouvoir, de la richesse, du luxe, du plaisir, accumulés dans le milieu le plus favorable ; elle est la serre, le bazar où affluent tous les produits du monde; elle est le musée toujours ouvert pour les expositions, la bibliothèque où il ne manque aucun livre, le théâtre aux représentations jamais interrompues, le salon illuminé d'un bout de l'année à l'autre.

Il est trop tard aujourd'hui pour parler de ce petit théâtre de Berndorf, dont l'honneur revient au sénateur M. Krupp. A Berndorf s'élève un théâtre populaire modèle, unique au monde. Cette visite est le clou de notre voyage.

LE THÉATRE DE BERNDORF

Il n'est pas un Parisien s'intéressant aux choses du théâtre qui, de passage à Vienne, ne fasse aujourd'hui le pèlerinage de Berndorf. Ce théâtre-modèle est maintenant classé comme un musée; tout l'honneur en revient à M. Krupp, sénateur considérable et considéré, grand patron de l'endroit. L'Empereur d'Autriche, en personne, inaugura le théâtre de Berndorf le 27 septembre 1899 : il le baptisa du nom de Frantz-Joseph.

Je pourrais reproduire le discours prononcé par M. Krupp le jour de l'ouverture. Mais, je l'avoue humblement, je ne sais de l'idiome de Gœthe que juste assez pour exciter l'hilarité des chefs de gares et des portiers d'hôtels. Examinons donc l'œuvre de M. Krupp, sa genèse, son caractère et aussi ses effets.

La salle du théâtre Franz-Joseph, dont un des contremaîtres, en l'absence de M. Krupp, nous fait les honneurs avec tant de bonne grâce, contient exactement 516 places. Un rez-de-chaussée et un balcon; de stalles, de parterres, de seconds balcons, point. Quant aux loges, deux baignoires d'avant-scène réservées aux patrons. En haut, au balcon, deux avant-scènes pour les contremaîtres; pas une seule place debout. Sur la scène, une machinerie perfectionnée, celle du théâtre de Budapest. Pour ce qui est des entrées, des sorties, des dégagements, des vestiaires, c'est la perfection même.

M. Krupp fit plus. Il s'assura la collaboration des peintres les plus distingués de son pays, et nous admirons des plafonds représentant l'allégorie des travailleurs acclamant leur souverain, les portraits des grands artistes d'Autriche, Jeanne d'Arc donnant la main à Phèdre, Falstaff à Tabarin; et aussi — j'en ai pris note — la Belle Hélène à notre Fille Angot. Aidé par des ingénieurs et des architectes, M. Krupp a donné à ses ouvriers une salle à la fois commode et élégante, « un théâtre bijou ». C'est son expression et elle paraît juste. Coût : six cent mille francs.

*
* *

Le théâtre de Berndorf devait naturellement avoir ses défenseurs et ses adversaires. Les uns rendent pleine justice à l'homme sage, éclairé, généreux, qui ne ménagea ni son temps ni sa fortune; les autres, heureusement moins nombreux, insinuent que le sénateur Krupp a obéi à des préoccupations personnelles. Il n'en reste pas moins vrai que, sous quelque forme qu'on place la question, nous sommes ici en présence d'une tentative toute nouvelle qui appelle la discussion.

« Beaucoup, dit M. Krupp dans son discours, seront incrédules quand ils verront ce théâtre d'ouvriers. » Il ajoute que son rêve est d'être l'ami de ses ouvriers et que c'est aussi sa fierté; il exprime le vœu de faire voir et entendre de belles choses, estimant que « la jouissance intellectuelle reste supérieure au bien-être corporel, et que ce qu'il y a de plus élevé dans l'homme, c'est l'âme »[1].

J'imagine que si le célèbre écrivain de l'*Étudiant* revenait au monde, sa première visite serait pour M. Krupp. Oui! Comme Michelet, l'honorable patron veut des fêtes, des choses fictives plus nobles que celles que nous voyons. Comme lui, il s'écrie : « Mettez deux hommes ensemble, ils se disputent. Envoyez-les au

---

[1]. Voici la traduction littérale du discours prononcé par le sénateur Krupp, le jour de l'inauguration du théâtre.

« A mes ouvriers,

« Nous avons déjà passé une bonne quantité d'années ensemble, et amené la prospérité à Berndorf. Cela a toujours été mon but et mon orgueil d'être l'ami de mes ouvriers, et je me sentais heureux de pouvoir instituer ici quantité de bonnes œuvres par lesquelles les pensées des temps modernes, « l'amour du prochain », d'après la mesure de nos moyens, pouvaient être réalisées.

« Mieux encore que pour le bien-être corporel, ce temple des Muses destiné à ce qu'il y a de plus élevé et de plus noble dans l'homme, « l'âme », le satisfera.

« Un théâtre d'ouvriers! Beaucoup seront incrédules et secoueront la tête quand ils verront ce bijou de salle. Mais oui, un théâtre, un théâtre d'ouvriers! Ceux-ci auront le goût élevé et pur en ne voyant et n'entendant que de belles choses et verront qu'il n'y a pas que le bien-être physique, mais aussi la jouissance intellectuelle et morale. Je souhaite que vous passiez de nombreuses heures de joie dans cette maison. C'est le vœu le plus cher avec lequel je vous ouvre les portes de ce théâtre. »

théâtre : ils critiquent ou applaudissent. Oublier ensemble, c'est de la fraternité. Qu'est-ce que le théâtre ? l'oubli momentané des misérables querelles. »

Oui, ce théâtre d'ouvriers, tel que nous l'admirons à Berndorf, est bien le théâtre simple et fort, le théâtre de village, le théâtre où l'énergie du talent, la puissance créatrice du cœur et la jeune imagination des populations toutes neuves dispensent des moyens matériels, des décorations prestigieuses et des costumes somptueux. M. Krupp tient le théâtre pour le plus puissant moyen de l'éducation et du rapprochement des hommes, pour le meilleur espoir de rénovation sociale. Il n'ignore pas que, quand ses ouvriers sortent de leurs usines, ils se rassemblent dans la rue, sur la place, dans les débits de boissons ; il comprend ces rassemblements, il les admet. Et lorsqu'il y a trois ans, revenant précisément de voyage de Berndorf, j'eus la grande joie d'entendre, à la Chambre, le chef de notre gouvernement, M. Waldeck-Rousseau, développer, sur l'organisation du travail et les syndicats ouvriers, une thèse admirable qui ne peut être que celle de M. Krupp, je me suis demandé un instant pourquoi nos grands centres ouvriers de France n'auraient pas, eux aussi, leurs petits théâtres-bijoux. Mais M. Buckowitz nous l'a dit l'autre jour : Autres pays, autres mœurs, et, partant, autres théâtres.

* *

Pourtant, certaines objections se présentent, certains maux s'aggravent.

Que le théâtre d'ouvriers de M. Krupp ne soit pas gratuit, on veut bien l'admettre! Malheureusement les contremaîtres, véritables régisseurs généraux du théâtre, n'avaient pas prévu certains frais qu'il fallait couvrir par de petites recettes. Peut-être un impresario eût-il indiqué certains remèdes pratiques; mais M. Krupp, désireux de mieux montrer son idée, avait écarté les gens de théâtre et laissé à ses contremaîtres seuls le soin de veiller à tous ces détails.

Le jour de l'inauguration, tout alla bien. Le spectacle d'ouverture, composé du *Petit homme*, une comédie fort connue à Vienne, réussit à merveille; l'Empereur donna le signal des applaudissements, et ce gala de village fit quelque bruit dans le pays. Mais ce jour-là, exceptionnellement, le directeur du Volkstheater de Vienne avait délégué ses artistes à Berndorf. Ce fut, m'a conté M. Buckowitz, plus qu'un voyage, ce fut une expédition véritable, et une expédition qui ne pouvait être renouvelée qu'à la condition de fermer les portes du Volkstheater de Vienne. M. Krupp ne l'aurait pas voulu et M. Buckowitz encore moins.

Voilà le premier obstacle. Les contremaîtres régisseurs ne s'étaient pas suffisamment inquiétés du choix des spectacles et du recrutement des artistes.

C'est que Berndorf n'est point, ainsi qu'une fausse légende l'établit, un environ (*Umgebung*) de Vienne. La route est longue de la capitale jusqu'à la petite cité, et les trains, tous désespérément omnibus, ne mettent pas moins d'une heure et demie pour la parcourir. Il faut avoir accompli cette excursion par une glaciale matinée d'hiver pour se rendre un compte exact de ces difficultés matérielles. Plus de jolies calèches viennoises à la gare de Berndorf, pas de voitures, pas même de diligences! La solitude est complète... Par bonheur, un aubergiste qui entr'ouvre ses volets — il est huit heures du matin et les becs de gaz tremblotent encore, et n'osent s'éteindre — prend pitié de nous et nous recueille. Sans lui, sans son *kapuziner*, sans sa chaufferette, nous serions restés sur place. A la vérité Berndorf n'est ni l'environ de la capitale, ni la petite ville de province; le baromètre n'attriste pas plus qu'il ne déride les Berndorfois, et la ménagère peut acheter un poulet sans que la voisine demande au mari s'il est cuit à point; la vie ne se passe pas en plein air. Les seuls édifices de Berndorf sont des usines, les seuls habitants des ouvriers; une pauvre petite église se dresse au bord de la route, et là-bas, à travers la neige qui tombe toujours, nous apercevons un cimetière.

— Le cimetière du peuple (*Volksfriedhof*)! nous dit mélancoliquement l'aubergiste en nous offrant la carte postale qui représente les trois seuls monuments du village : l'église, le cimetière et le théâtre.

* *

Les adversaires de M. Krupp ne manquent

pas d'insister sur tous ces inconvénients. Il est incontestable que les ouvriers de Vienne n'ont ni le temps ni les moyens matériels de faire une heure et demie de chemin de fer. De ce fait, le théâtre de Berndorf devient exclusivement le théâtre de M. Krupp et de ses ouvriers. L'objection a sa valeur.

Quant aux spectacles, ils avaient d'abord été fixés au samedi soir et au dimanche après-midi, mais on reconnut que le samedi est un mauvais jour non seulement pour les ouvriers qui règlent leurs comptes et font leurs achats, mais aussi pour les contremaîtres qui, dès le samedi, prennent le train pour Vienne. Les représentations furent alors données le vendredi soir et le dimanche après-midi, et on décida que le directeur du casino de Baden, une ville d'eaux située aux environs de Vienne, se chargerait des spectacles et établirait un roulement entre son casino et le petit théâtre-modèle. Cet impresario, on le conçoit, trouva là une affaire excellente. Il utilisa les loisirs de sa troupe de casino et, sans se préoccuper le moins du monde du but du théâtre de Berndorf, il donna d'abord des drames populaires et des

4

vaudevilles. Il est maintenant tout entier à l'opérette.

Certes, on sait gré aux peintres du plafond du théâtre de Berndorf d'avoir représenté Mme Angot aux côtés de Phèdre et non loin de Falstaff; certes nous devons au vaudeville et à l'opérette des chefs-d'œuvre. Mais le théâtre d'ouvriers, tel qu'il fut conçu par M. Krupp, était-il celui-là? N'appartenait-il pas de droit aux grands classiques? Un illustre écrivain a eu le courage de lancer cette vérité : « Nous nous croyons tous, Français, Anglais, Russes, Allemands, Autrichiens, Italiens, Espagnols, familiarisés avec les classiques de notre pays. Ils sont tellement devenus nôtres, il est tellement convenu qu'ils sont supérieurs, ils font tellement partie de notre gloire, de notre intimité, de notre éducation, de notre famille, ils sont tellement passés à l'état de grands-parents, que, tout en les respectant et en les aimant, nous ne les écoutons plus guère ; nous avons tant entendu ce qu'ils nous disent depuis deux cents ans, qu'ils ont quelquefois l'air de radoter, et nous finissons par passer à côté d'eux comme ces habitants de Chamonix qui trouvent le mont Blanc chose toute naturelle et se promènent à ses pieds en allant à leurs affaires, sans lever la tête. »

Eh bien, oui! *Faust* et *Jeanne d'Arc*, à l'exemple de notre *Tartufe* et de notre *Phèdre*, sont de partout et de toujours, et si, comme M. Krupp le croit, comme il l'a dit et proclamé, le théâtre semble le moyen le plus puissant d'amélioration sociale, pense-t-il que *Marie-Stuart* ou *Wallenstein*, *Hermann et Dorothée* ou *Werther* n'agiraient pas mieux et plus que toutes les opérettes d'un casino sur l'âme de ses ouvriers?

Que les œuvres musicales prennent place au théâtre de Berndorf, cela va de soi. Un véritable théâtre populaire doit être, on ne saurait trop le répéter, ouvert à la fois à la comédie et à la musique ; mais c'est Gluck, c'est Mozart, c'est Rossini, c'est Wagner qu'il faut faire aimer! Les petits ouvriers et les petits paysans d'Autriche et d'Allemagne, alors qu'ils n'ont pas encore l'âge d'homme, alors qu'on leur indique l'alphabet, apprennent à connaître et à aimer Gœthe et plus encore Schiller. Le génie des grands écrivains et des grands musiciens s'infiltre jusque dans les masses du peuple. Il n'est pas une fille d'auberge, il n'est pas un cocher de fiacre qui ne connaisse le nom de Schiller. Tout est préparé : pourquoi alors s'arrêter en chemin ?

Là est le mal. M. Krupp a conçu une œuvre à laquelle son nom restera attaché ; il l'a exécutée, il a donné l'exemple, il a semé des idées. Mais qu'il écoute une fois encore les sains et réconfortants conseils de Michelet : que, dans le fond de la scène de son théâtre-modèle, il installe les dieux ; que ces dieux ne soient pas seulement Schiller, Gœthe et Lessing, qu'ils soient aussi Molière, Corneille, Racine et Shakespeare !

A cette condition, le théâtre d'ouvriers remplira son rôle véritable : il éduquera, il fortifiera, il rapprochera tous ces travailleurs fatigués qui n'ont plus le temps de lire, et ces belles fêtes adouciront et charmeront la mélancolie de leur monotone existence...

LES THÉATRES DE VIENNE

Poète et dramaturge, critique et traducteur, conférencier et journaliste, M. Rodolphe Lothar, l'auteur d'*Arlequin roi*, est renseigné sur toutes les questions d'art, d'histoire, de philosophie, de politique, d'économie sociale. Le matin, il compose; l'après-midi, il traduit; le soir, il juge. Il est le monsieur de l'orchestre qui regarde, observe et enregistre : il est le chroniqueur prêt sur toutes choses qui, suivant les exigences du temps, du lieu et du sujet, se réjouit, s'attriste ou s'indigne : il sait par cœur Gœthe, Schiller, Molière, Shakespeare et excelle à repenser avec eux : il est l'éloquent avocat des écrivains d'avant-garde; il a créé à Vienne une Revue de la Jeunesse socialiste; il en parle avec amour, et alors il a des paroles superbes; il s'intéresse à la liberté du monde; il s'inquiète des malheurs les plus lointains; l'humanité tout entière semble vibrer en cet être plein de jeunesse et débordant d'enthousiasme.

Avec cette bonne grâce, dont les Viennois ont le secret, M. Rodolphe Lothar proclame que c'est Paris seul qui distribue les couronnes, décide des succès, consacre les réputations... Paris, pour lui, c'est la France, et la Seine est le plus grand fleuve du monde y compris le beau Danube bleu... Ah! les ponts de Bercy et d'Austerlitz, où Sainte-Beuve, le poète des *Consolations*, promenait, le dimanche, ses mélancoliques amours! Et Notre-Dame dressant ses deux tours gigantesques comme deux bras levés pour la prière! Et le pont de la Concorde où la Seine s'infléchit rappelant un coin du canal de Venise! Et le Trocadero qui fait penser à l'escalier des Propylées d'Athènes! Et à l'octroi (il sait jusqu'à la limite de nos fortifications) le Point-du-Jour, ses bateaux-mouches, ses barques amarrées et ses arcades triomphales! Que de souvenirs de jeunesse! Car, avant d'être l'infatigable chroniqueur viennois, il a été l'étudiant de notre Quartier Latin. Sa voix chaude devient alors caressante et, avec un sentiment rare et sans le moindre accent, il murmure *Rolla* et soupire l'*Espoir en Dieu* : il a chanté à Musette un *lied* d'amour dans les bois de Ville-d'Avray et il relit dans son cœur... Mais bien vite il se ranime ; la voix, qui nous avait surpris par sa pénétrante douceur, tonne de nouveau. Il laisse Musset et Murger : il revient à Ibsen, à Tolstoï et à Zola, ses trois dieux véritables : il passe à l'examen des questions de théâtre. La Société des auteurs, le prix des places, les billets de faveur, les instituts du soir, les théâtres populaires, la censure, les répétitions générales, tout l'inquiète, tout le préoccupe...

* * *

Un homme aussi parfaitement averti ne pouvait que nous fournir de très utiles renseignements sur les modifications apportées aux scènes populaires de Vienne et au « théâtre bijou » de Berndorf depuis l'inauguration de septembre 1889. Avec une amabilité grandissante, M. Rodolphe Lothar se met à notre disposition.

Au Burgtheater (Comédie-Française), dont il a, dans un substantiel ouvrage, retracé l'histoire complète, les places de troisième et de quatrième galerie sont maintenant distribuée chaque samedi aux écoliers et chaque dimanche aux ouvriers; le prix en est fixé à trois ou quatre sous, vestiaire compris...

A Berndorf, l'impresario du casino de Baden, chargé par M. Krupp d'assurer les représentations du petit théâtre-modèle, a abandonné l'opérette pour le vaudeville. M. Lothar, comme tous ses confrères de Vienne qui ont participé à la création de ce théâtre, aurait voulu y organiser des conférences, des causeries du soir, mais il se heurta à des difficultés sans nombre. Ceux-ci, se faisant les défenseurs de l'adroit directeur de Baden, vont répétant qu'un ouvrage classique ne distrairait qu'insuffisamment les ouvriers fatigués par dix longues heures de travail; ceux-là estiment que ces ouvriers devraient jouer eux-mêmes la comédie. Bref, tous déforment l'idée de M. Krupp, et le théâtre d'ouvriers qui devait remplacer, à Berndorf, le débit de boissons, devient une scène quelconque, sans signification et sans portée.

Est-il temps encore de porter remède au mal et de venir au secours du petit théâtre-modèle sur lequel les Viennois fondèrent tant d'espérances? M. Lothar le croit. Je lui présente les photographies du théâtre, les cartes postales qui m'ont été offertes par le cafetier de la commune : je lui conte mon voyage de décembre 1889 : je lui montre qu'il y a là un théâtre comme il n'en existe pas...

— Comment! fait M. Lothar, vous avez vraiment pensé à notre petit théâtre de Berndorf? Sauvez-le! Sauvez-nous!

Je lui rappelle alors qu'un critique, poète à ses heures, celui des *Consolations* cité tout à l'heure, Sainte-Beuve, songea, il y a une cinquantaine d'années, le premier sans doute, aux lectures du soir.

— Erreur! reprend l'auteur d'*Arlequin roi*, les instituts populaires du soir se fondèrent à Berlin et à Vienne.

Désireux que j'étais de ne pas être mis en échec par un aussi redoutable adversaire, j'avais pioché la question et pris toutes mes précautions. Tout doucement, comme si, à mon tour, je songeais aux violettes fanées de Musette, je lui fais observer, documents à l'appui, qu'en 1850, quelques écrivains français, et non des moindres, eurent l'idée d'établir, dans différents quartiers de Paris, des lectures du soir publiques à l'usage de tous ceux qui, occupés le jour, n'avaient qu'une heure ou deux dont ils pouvaient disposer après leur travail. Le but de ces lectures du soir? Répandre le goût des choses de l'art, faire connaître les chefs-d'œuvre de la littérature française, instruire insensiblement les auditeurs en les amusant.

— Mais où avaient lieu ces lectures? me demanda M. Lothar surpris.

— Au Conservatoire!

A ce mot, il réclame les preuves. Je lui livre le nom du premier lecteur, M. Just Olivier, professeur au lycée Charlemagne, qui faisait une lecture et non une leçon. On comptait trois cents auditeurs quand le temps était convenable, cent à peine par les soirées rigoureuses. Ils étaient, pour la plupart, bijoutiers, mécaniciens, charpentiers, menuisiers : pas d'ouvriers imprimeurs, soit parce qu'ils étaient occupés le soir, soit parce que leur profession même les avait déjà rassasiés.

M. Lothar ne dit plus mot; il écoute. Je lui présente les notes du professeur, M. Just Olivier, que j'avais prudemment extraites du volume de Sainte-Beuve :

Poésies de Casimir Delavigne : goûtées.
Jeanne d'Arc, Essais de Michelet. Très grand effet.
Molière. Je n'ai pas lu de pièces complètes, si ce n'est le *Dépit amoureux* et les *Précieuses ridicules*. J'analysais et je notais les principales scènes de manière à pouvoir faire connaître chaque fois toute une pièce. L'effet a toujours été très grand.
Corneille. J'ai agi pour lui comme pour Molière. Effet très grand.
Racine. Même méthode. Effet moins grand.
Chateaubriand. Grand effet. J'ai analysé les *Martyrs*.
Bernardin de Saint-Pierre. La *Chaumière indienne* a fait grand plaisir.
Boileau. Deux épîtres, deux ou trois satires. Peu d'effet.
Paul-Louis Courier. Quoique j'eusse choisi dans ses œuvres ce qu'il y a de plus général et ce qui sent le moins son œuvre de circonstance, l'effet a été médiocre; les allusions fines ne portaient pas; cette politique de la Restauration est oubliée.
Béranger. De l'effet, mais moins que je l'aurais cru. Le refrain, heureux quand on chante, gêne quand on lit.

Mon auditeur, tout confus d'ignorer l'origine des lectures du soir, oublie Berndorf et son théâtre et me prie de lui indiquer la date de cette *Causerie* du lundi. Il trouve ici matière à une série d'articles.

— Soyez sans crainte! Vous aurez ces renseignements dans...

— Où cela? interrompt-il.

— Dans le *Temps*!

M. Rodolphe Lothar a trop d'esprit pour m'en vouloir d'avoir tenu ma promesse.

Mais il est une question qui préoccupe particulièrement M. Rodolphe Lothar; celle des droits d'auteurs. Il n'ignore pas que la Société des auteurs français a pour objet la défense mutuelle des droits des associés vis-à-vis des administrations théâtrales, la perception des droits d'auteurs, la création d'un fonds de secours et d'une caisse de pensions de retraites au profit des associés, de leurs veuves, de leurs héritiers ou de leurs parents. Il a lu l'admirable plaidoirie prononcée par l'éminent avocat de la Société, M. Raymond Poincaré, dans l'affaire de la « grande » société, contre la « petite »; il l'a minutieusement étudiée, il s'en est imbu, il en sait les termes mêmes et il déclare que c'est à partir du 9 juin 1898, que la Société des auteurs fut définitivement et officiellement reconnue. Il prépare, sur les droits d'auteurs en France et à l'étranger, un ouvrage dont il soumettait, l'an dernier, le plan à l'agent général de notre Société. N'est-ce pas, d'ailleurs, un collaborateur de M. Lothar à la *Neue Freie Presse* qui adressait à Gustave Roger la lettre suivante :

Neue Freie Presse
    Wien.   26 Octobre 1898.

    Monsieur,

Un groupe d'auteurs et de compositeurs dramatiques de Vienne a l'intention de fonder une Société, laquelle serait enfin capable de sauvegarder d'une manière efficace les intérêts de la production littéraire et artistique vis-à-vis des théâtres, des éditeurs, des autorités, etc.

Tout ce que nous avons en ce genre ne suffit pas, et même la Société fondée dernièrement est, à notre avis, plutôt faite pour protéger les intérêts des éditeurs que les droits de ceux qui produisent. Ici, le *directeur dicte sa loi; chez vous, l'auteur est le maître.* Sous ce rapport, la Société des auteurs et compositeurs dramatiques de Paris reste le modèle du genre, et c'est bien à son image que nous voudrions former la nôtre. C'est pour cela que je viens vous demander, cher Monsieur, de nous envoyer un exemplaire de vos statuts.

H. WITTMANN.

M. Lothar est déconcenancé. Comment cette lettre, qu'il tenait pour un des clous de son ouvrage sur les droits d'auteurs, tomba-t-elle dans des mains indiscrètes? Je le rassure et lui raconte que Gustave Roger, qui considérait à juste titre cette lettre comme un bulletin de victoire, m'avait recommandé de la publier quelque jour. J'exécute donc la volonté d'un ami, et cette explication m'est indispensable pour obtenir la grâce de M. Rodolphe Lothar.

J'ai revu M. Lothar après la première représentation d'*Arlequin-Roi*, à l'Odéon. Il se proposait de passer une semaine au milieu de nous. Il est resté un mois, heureux de l'accueil que lui fit la critique parisienne, comblant d'éloges nos directeurs de théâtre qui répètent vingt ou trente fois un ouvrage nouveau alors que l'impresario viennois annonce une première représentation après huit jours de travail.

Dirai-je, enfin, que cette érudition, cette

abondance, cette faculté d'assimilation véritablement prodigieuses, ne sont point les seuls dons de ce très distingué écrivain ? Il a le sourire constant, l'indulgence aimable, la bienveillance toujours prête...

*
* *

Une autre lettre, qui est également un bulletin de victoire, m'a été adressée par M. Frédéric Febvre à propos des théâtres de Vienne. Je ne résiste pas au plaisir de la publier :

Mon cher ami,

Vous aviez, dans votre très intéressant article sur les théâtres de Vienne, aimablement rappelé que j'avais été chargé par M. Claretie, en 1892, de diriger cette expédition, et vous m'aviez, il y a quelque temps, demandé de vous donner quelques détails sur ce voyage dont nous avons tous gardé un excellent souvenir. Les voici.

Ce déplacement semi-officiel avait été sollicité et obtenu sur la demande de Mme la princesse de Metternich et celle de M. le baron de Bourgoing. Les conditions toutes spéciales de ce voyage n'impliquant pas d'une manière absolue la présence de notre administrateur général, M. Jules Claretie m'avait fait l'honneur de me confier la direction provisoire de la troupe.

Les feuilletons de notre ami Sarcey ont tenu le public assez au courant de notre séjour à Vienne pour que je risque ici une appréciation quelconque; mais en dehors du domaine de la critique, il m'est permis, mon cher ami, de vous raconter quelques particularités de cette campagne qui assura au théâtre de l'Exposition des arts rétrospectifs de Vienne une série de recettes qui firent rentrer la Société dans les pertes causées, avant notre arrivée, par les représentations du théâtre impérial de Berlin.

Sur ma requête pressante appuyée par S. E. Monseigneur le prince de Hohenlohe, grand-maréchal de la Cour, j'obtins de S. M. l'empereur François-Joseph la promesse qu'il nous ferait la faveur d'honorer de son auguste présence l'une de nos représentations.

Je devais recevoir la réponse impériale à une garden-party, qui était donnée en l'honneur de la Comédie-Française dans les jardins Sacher, sous la haute présidence de Mᵐᵉ la princesse de Metternich. A cette fête avaient été conviés la presse et les principaux artistes des théâtres de Vienne.

Un peu avant la fin de cette journée inoubliable, la princesse fit photographier les artistes autrichiens et français réunis deux par deux : Got et Sonnenthal — Liwienski et moi — Mˡˡᵉ Bartet et Mˡˡᵉ Lola Beth — Mˡˡᵉ Reichenberg et Mᵐᵉ Sonnenthal.

Puis, la princesse elle-même ayant pris place au

milieu d'un groupe composé de Got, moi, Reichenberg, Bartet, Pierson, nous dit ce mot charmant :

« Sociétaire de la Comédie-Française! Plus heureuse que Michonnet d'*Adrienne Lecouvreur*, mon rêve est accompli!... »

Notre camarade Falconnier, qui est un très habile tireur, avait apporté sa carabine dans l'espoir de découper, sous les yeux de la Princesse un as de trèfle placé au-dessus de la tête de celui qui, en tenant cette carte, voudrait bien rééditer la scène de *Guillaume Tell*. Ce rôle, il faut bien l'avouer, semblait n'être disputé par personne. Tout à coup, Albert Lambert s'offrit de la meilleure grâce du monde.

Alors, la princesse me tira à l'écart et me dit :

— Dites-moi! cher monsieur Febvre, si on en choisissait plutôt un qui ne joue pas ce soir?

Le coup partit. L'as était découpé et notre jeune et sympathique camarade joua ce soir-là avec un grand succès *Denise*, devant S. M. l'Empereur, car on venait de m'apporter l'heureuse nouvelle. François-Joseph daignait honorer la représentation de son auguste présence.

A huit heures moins dix j'attendais le souverain pour lui faire les honneurs de la soirée.

Je le vis descendre ou plutôt sauter de sa voiture comme un jeune officier; il gravit les marches qui conduisaient à sa loge par un escalier particulier. En m'apercevant, il s'arrêta et attendit que je lui fusse présenté par le chambellan de service, M. le comte Boos de Waldeck.

— Monsieur Febvre, vice-doyen, directeur de la Comédie-Française à Vienne en l'absence de M. Claretie, administrateur général, dit le comte, pendant que je m'inclinais devant l'Empereur.

— Si j'ai bonne mémoire, vous m'avez été déjà présenté, Monsieur, aux Tuileries, par Napoléon III, fit le souverain dans le plus pur français. Vous jouiez une petite comédie de M. Legouvé en compagnie de Mme Plessy.

Je m'inclinai de nouveau, admirant la mémoire de mon impérial interlocuteur.

— Je me promets une très bonne soirée, ajouta l'Empereur. Est-ce commencé?

— Non, Sire. On attend votre Majesté.

— En ce cas, Monsieur, veuillez, je vous prie, donner les ordres nécessaires. J'ai l'habitude de ne jamais me faire attendre. A tout à l'heure, Monsieur.

Tout cela dit avec un ton de simplicité et cette allure de grand seigneur dont Sa Majesté, d'ailleurs, est le plus impeccable modèle.

Denise, qui avait été représentée à la Burg par ordre de Sa Majesté, car la censure avait mis le *veto* sur l'œuvre de Dumas, *Denise* eut un succès de larmes.

François-Joseph, qui est le plus matinal de son royaume, resta jusqu'à la fin du troisième acte, et comme je le reconduisais à sa voiture :

— Quelle musique que cette belle langue française, quel merveilleux ensemble, me dit Sa Majesté! Le talent de vos camarades a encore surpassé mes espérances et tout ce qu'on m'en avait dit... Quelle superbe pièce ! Quel style simple, quelle concision ! Je suis enchanté de ma soirée.

— Votre Majesté, répondis-je, me permet-elle de rapporter à mes camarades les paroles flatteuses qu'elle vient de prononcer?

— Je ne vous le permets pas, Monsieur, je vous en prie... Mais il est tard et je rentre à Schoenbrunn. Bonsoir, Monsieur, et encore une fois mes remerciements et mes compliments, voulut bien ajouter le plus courtois des souverains, en prenant place dans sa voiture qui disparut, emportée par deux admirables trotteurs.

Après le dernier acte, j'eus également l'honneur de saluer S. A. I. la princesse Stéphanie qui, me montrant ses yeux encore rougis de larmes, me dit :

— Voyez l'état dans lequel m'a mise M. Dumas. Bonsoir, Monsieur, et tous mes compliments à vos illustres camarades !

Puis vinrent en dernier S. A. I. Mgr l'archiduc Louis-Victor et celui qu'on nommait le prince héritier, qui tous deux me tinrent le même langage flatteur.

Le 28 mai, il y eut une bataille de fleurs dans les allées du Prater, fête qui revêtit la forme d'une sorte de démonstration des plus flatteuses pour la France.

Dix voitures aux couleurs de France étant venues nous prendre au Continental Hotel, sur notre parcours nous n'entendions que ces cris : « Vive la France! Vive la Comédie-Française ! »

Dans tout ce voyage, une seule chose pouvait me préoccuper, c'était la dignité de la noble maison à laquelle nous avions l'honneur d'appartenir, et qui avait été confiée à mes soins... C'était une lourde responsabilité, mais grâce au zèle de mes illustres administrés et à la haute bienveillance de M°° la princesse de Metternich, ainsi qu'à la courtoisie de M. le baron de Bourgoing, j'ai la satisfaction de penser que je fis tout ce qui était en mon pouvoir pour me montrer à la hauteur de la tâche qui m'avait été confiée.

Voilà, mon cher ami, l'historique du voyage de la Comédie-Française à Vienne, voyage heureux à tous les points de vue, puisqu'il maintenait une fois de plus la fière devise de cette belle et noble maison : Honneur et succès.

Recevez, mon cher ami, l'assurance de mes sentiments affectueux et dévoués.

FRÉDÉRIC FEBVRE.

Un jour que les artistes de la Comédie-Française inscrivaient leur devise au bas d'un album qui devait être offert à un souverain, M. Coquelin Cadet écrivait : « La Comédie-Française est le Sénat des ouvreuses. » Et M. Frédéric Febvre, de son côté, ajoutait : « Un comédien devrait être élevé sur les genoux d'une princesse. »

M. Febvre, on le voit, n'a pas changé d'opinion; il reste fidèle à la Cour. Mais à travers ces anecdotes joliment contées, ne retrouve-t-on pas, à chaque phrase, à chaque ligne, l'amour et le respect du grand théâtre? Et, lorsqu'il s'agit d'une expédition qui, comme celle-là, ne prit pas le caractère d'une tournée, n'est-ce pas le cas de redire : Partez, comédiens de notre pays! Partez, belles comédiennes! Partez, charmants missionnaires de notre esprit et de nos mœurs! Cueillez partout des lauriers! Que toutes les capitales vous acclament! Partez, courez, volez! Là où vous êtes, là est la langue française, là est la France.

Et c'est encore du théâtre populaire que de populariser notre théâtre!

LES THÉATRES POPULAIRES DE BERLIN

Nous arrivons à Berlin. Le *Dienstmann* prend nos bulletins de bagages et nous met en rapports avec un sergent de gare qui nous installe dans un mauvais fiacre — oh ! les regrettées calèches viennoises ! — et donne à notre cocher l'ordre de nous conduire aux *Linden*.

Dienstmann, sergent de gare, cocher, contrôleurs de train, tous nous recommandent des hôtels excellents, confortables, à prix modérés, et toujours *Unter den Liden*. Heureusement, j'avais lu et relu le manuel Berlin-Potsdam ; je savais les heures et les jours d'ouverture des musées, des bibliothèques et des jardins zoologiques ; j'étais renseigné sur la marche des bateaux à vapeur de la Sprée, cette jolie Sprée qui serpente à travers les forêts des environs de la jeune capitale, et je n'ignorais pas que les *Linden* représentent les grands boulevards avec leur Académie des beaux-arts, leur Université, la statue de Frédéric le Grand, le Palais du prince impérial, l'Arsenal, l'ambassade de Russie, et aussi la *Commandatur*, autrement dit le siège du général en chef de la place.

Les *Linden* n'ayant plus de secrets pour moi, je donnai contre-ordre au cocher et rendis visite au directeur du théâtre Schiller, M. Lœwenfeld. De la gare au théâtre! Il était impossible, je crois, d'accomplir ma mission avec plus de conscience.

* *

Le théâtre Schiller passe pour être le type du théâtre populaire. Il a été inauguré le 30 août 1894; il est vaste, commode, mais triste et sans élégance. Après une année d'exploitation, son directeur comptait six mille abonnés.

Comme le directeur du Volkstheater de Vienne, M. Lœwenfeld est un gérant, et un gérant fort avisé, comprenant merveilleusement ses intérêts et ceux de son personnel. Il touche des appointements annuels fixes (12.500 francs).

Si les bénéfices dépassent les 5 % du capital, ils sont distribués sous forme de récompenses aux artistes et aux employés les mieux notés. *Abendschule*, l'école du soir, toujours l'école !

Ces artistes, ou pour mieux dire ces élèves, étaient, en décembre 1899, au nombre de 34 : 22 hommes et 12 femmes. Les appointements d'un chef d'emploi ne dépassaient pas 10.000 fr. par an, c'est-à-dire par saison, le théâtre ouvrant ses portes le 1er septembre et les fermant le 30 juin. Aux frais de troupe, il convient d'ajouter ceux de loyer, de costumes (l'administration paie les costumes), d'éclairage, de figuration. Pour les couvrir, le théâtre doit faire exactement 35.000 francs de recettes par mois, soit 350.000 francs par saison. Ces chiffres n'ont sans doute rien d'excessif, puisque M. Lœwenfeld vient de créer, toujours à Berlin, dans un autre quartier de la capitale, un second théâtre Schiller fonctionnant sur le modèle du premier.

Telle est, présentée par le directeur lui-même, l'organisation du théâtre Schiller. Je passe maintenant à l'importante question du choix des ouvrages.

Le répertoire du théâtre Schiller se compose des chefs-d'œuvre de tous les pays. Mais les pièces nouvelles n'en sont pas exclues; je dirai tout à l'heure dans quelles conditions elles sont représentées.

Le 25 décembre 1899, lors de ma visite, M. Lœwenfeld offrait en matinée une pièce de Calderon, et, le soir, *Maison de poupée*, d'Ibsen; le lendemain, *Jeanne d'Arc*, de Schiller; le 27, en matinée, *Don Carlos*, et, le soir, *Divorçons*, la charmante comédie de M. Sardou, connue sous le titre de *Cyprienne*, l'héroïne de l'ouvrage, le titre de *Divorçons* offusquant les austères Berlinois.

Les noms de Scribe, de Dumas, de Sardou, de Meilhac et Halévy, d'Augier se croisent sur l'affiche du théâtre Schiller avec ceux de Gœthe, de Schiller, de Calderon, de Shakespeare et de Molière. *Beaucoup de bruit pour rien*, que j'y vis excellemment joué et monté, alterne avec Molière, celui-ci représenté par le *Malade imaginaire* et l'*Ecole des femmes*.

M. Lœwenfeld a donc un répertoire et un répertoire varié et solide. Grâce à un système de répétitions ingénieusement combiné, toutes les pièces sont sues en double et en triple, et, chaque jour, l'affiche est renouvelée. M. Lœwenfeld ne fait, en somme, que mettre en pratique une théorie qui, pour être très vieille, n'en donne pas moins les plus heureux résultats. Il pense qu'une pièce de théâtre quelle qu'elle soit, ancienne ou nouvelle, classique ou moderne, ne fait recettes que si elle n'est pas jouée tous les soirs.

Des écrivains, et parmi les plus autorisés de la presse allemande, font remarquer que le succès de cette entreprise est surtout dû à la modicité du tarif des places et à certaines commodités — *Bequemlichkeiten* — qui sont offertes aux spectateurs. Quelles sont ces commodités ? La place la meilleure, le fauteuil d'orchestre, coûte 3 francs le soir et 2 francs le dimanche en matinée ; la place la moins chère, douze sous le soir et huit sous le dimanche matin. Des abonnements trimestriels ont été créés et l'abonné, au début de la saison, reçoit un cahier de cinq coupons, moyennant la somme extraordinairement modique de 6 fr. 25 pour cinq fauteuils ; des abonnements, plus réduits encore, sont réservés aux lycéens et aux écoliers. Enfin, toujours pour 6 fr. 25, l'abonné a droit au petit banc, au vestiaire et aussi au programme, lequel est un véritable opuscule comprenant l'histoire de la pièce, la biographie de l'auteur, des artistes, du directeur, ainsi que des extraits d'articles de critique, des gravures et des photographies représentant les scènes principales de l'ouvrage.

Voilà, selon M. Lœwenfeld, les commodités particulières qui ont assuré la fortune du théâtre et permettent de donner en dix mois trois cents soirées, plus de cinquante matinées, douze représentations pour les lycées et les écoles, sans compter une vingtaine de spectacles particuliers consacrés à la poésie, aux conférences et aux expositions de tableaux de théâtre.

***

— Vous le voyez, reprend M. Lœwenfeld, ma méthode est simple. Je garde toujours un ouvrage tout prêt pour masquer un insuccès. Je n'ai rien inventé ; j'ai adopté, pour la première fois, dans un théâtre libre, indépendant et non subventionné, la méthode d'alternance des spectacles depuis longtemps en vigueur, chez vous comme chez nous, dans les théâtres d'Etat. Mais je ne veux pas de subvention, ajoute vivement mon aimable interlocuteur. Cela vous étonne, vous surtout ! La raison de ce refus absolu, c'est que je tiens à rester maître chez moi et à ne rendre de comptes qu'à moi-même. J'entends bien... Je suis gérant, c'est-à-dire sous la surveillance de capitalistes que vous appelez, vous, des actionnaires... Mais il a été entendu, dès le principe, que ces messieurs ne s'occuperaient ni des pièces à monter ni des artistes à engager, moyennant quoi je me suis contenté de mes 12.500 francs par an. Ajouterai-je que ces appointements me suffisent largement ? Je passe ma vie ici, au théâtre, j'y loge et n'en sors jamais... Une subvention, voyez-vous, serait pour moi une attache, un contrôle permanent, quotidien, car vous ne savez pas qu'ici, les subventions, ce sont... comment dire ? des fonds secrets ! A Berlin, il y a trois théâtres subventionnés : l'Opéra, le Schauspielhaus (théâtre de la Comédie) et le Krolltheater, succursale de ces deux grandes scènes, théâtre annexe qui, en hiver, ne joue que le dimanche, et, en été, ouvre ses portes tous les soirs. La subvention de ces trois théâtres est de 1.320.000 fr., mais cette somme n'est affectée ni à l'Opéra, ni au Schauspielhaus, ni au Krolltheater. Si l'Opéra périclite, c'est le Schauspielhaus qui vient à son secours et inversement, comme à Vienne.

— Et si les deux théâtres ne marchent pas?
— C'est alors la cassette impériale qui marche! Et la cassette s'ouvre non seulement pour ces trois théâtres, mais pour nombre de scènes de province.

Et M. Lœwenfeld poursuit, s'anime et, triomphalement, conclut que le théâtre Schiller a atteint son but parce qu'il est libre. Le tarif des places, l'alternance des spectacles, la solidité du répertoire, les fameuses commodités, tout cela ne compte plus! M. Lœwenfeld se passe de la cassette impériale : là est le secret de son bonheur.

Il y a quelque vérité dans ces assertions. Je reçus à ce sujet les confidences de l'intelligent et regretté surveillant des trois théâtres impériaux,

M. Pierson, et je compris que sa besogne était délicate entre toutes. M. Pierson qui, comme M. Lœwenfeld, parlait fort bien le français répétait :

— Entre l'arbre et l'écorce ! Voilà ma véritable fonction de surveillant...

*
* *

Cependant une observation se présente. Le théâtre Schiller est-il, comme on le prétend, le théâtre populaire type ? Le véritable théâtre populaire doit-il représenter des ouvrages classiques et modernes ? M. Lœwenfeld répond sans hésiter : oui.

Quant à moi je reste, avant comme après ma visite dans les théâtres d'Allemagne, convaincu qu'un théâtre populaire n'est viable qu'à trois conditions : la première, c'est que les chefs-d'œuvre classiques y aient seuls leur place ; la seconde, c'est que cette entreprise soit ouverte à la comédie et à la musique ; la troisième, c'est que les représentations soient espacées et non quotidiennes. Du jour où elles seront quotidiennes, elles se nuiront les unes aux autres. Un théâtre populaire, qui donnerait trois-cent-soixante-cinq soirées par an, serait condamné d'avance.

Certes, en ouvrant les portes du théâtre Schiller aux jeunes écrivains, M. Lœwenfeld a développé et élargi son idée. La *Freie Volksbühne*, qui est à Berlin ce que l'*OEuvre* de M. Lugné-Poé est chez nous, multipliait ses représentations et M. Lœwenfeld sentit là une dangereuse concurrence. Aussi, comme il savait que son théâtre ne pouvait vivre qu'avec des spectacles sans cesse renouvelés, il prit soin d'avertir ses auteurs:

— Je vous joue, mais je ne vous jouerai que douze fois, pas davantage!

Les auteurs de M. Lœwenfeld acceptèrent ce contrat. Ce sont, on le devine, de très jeunes auteurs. Leurs grands confrères, leurs anciens, préfèrent être joués tous les soirs et se soucient peu du théâtre Schiller et de toutes les tentatives populaires.

* *

Veut-on, en somme, dissiper tous les malentendus? Qu'il soit convenu, décidé, que le théâtre populaire n'inscrira à son programme que des œuvres d'auteurs morts — insistons sur ce mot — consacrées par le succès et par le temps. Il faut avoir le courage de le dire avec une absolue franchise : il n'est pas d'autre moyen de réaliser la création du théâtre simple et fort, du théâtre d'éducation populaire.

« De grandes œuvres scolaires, écrit M. Ernest Lavisse dans l'admirable étude qu'il a placée en tête de l'*Etudiant*, s'organisent : ceux qui savent vont partout, au devant de ceux qui ne savent pas... L'école populaire est plus peuplée qu'elle ne l'était au temps de Michelet et ne se contente pas d'apprendre aux enfants les choses nécessaires pour gagner leur vie ; elle leur donne des indications au moins pour comprendre leur vie. Mais elle est insuffisante, cette école d'où l'enfant sort si jeune. Je sais bien qu'il n'a pas le temps d'attendre, mais nous, nous n'avons pas le droit de l'abandonner. C'est pourquoi tant de bonnes volontés, à Paris et partout, concourent à l'éducation après l'école... Je voudrais qu'il n'y eût pas un village en France, pas un quartier de grande ville où une lanterne ne s'allumât le soir pour appeler ceux qui veulent entendre la parole. »

Écoutons ces sages conseils. Allons trouver

les petits Parisiens chez eux, dans leurs quartiers, dans leurs théâtres, offrons-leurs sans qu'ils se dérangent, pour quarante sous, pour vingt sous, pour dix sous, de bonnes, grandes et belles choses. Le directeur du théâtre Schiller, en créant une succursale à sa première scène, a compris son devoir et a marqué son but. Faisons mieux encore! Desservons les uns après les autres tous nos faubourgs de Paris, organisons le théâtre-ceinture, le théâtre-roulotte. L'expérience de ces derniers mois est décisive : nos très intelligents spectateurs des petites places de nos grands théâtres ont acclamé Molière, Racine, Corneille, Marivaux, Regnard. Les voilà, les fêtes reposantes et consolantes! Rendons au théâtre sa grandeur et sa beauté! Aimons le théâtre et faisons-le aimer.

LES THÉATRES POPULAIRES

A PARIS

LES REPRÉSENTATIONS CLASSIQUES ET POPULAIRES DANS LES THÉATRES DE FAUBOURGS

Je voudrais, aujourd'hui, laisser de côté les théâtres populaires, les *Volkstheater* de l'étranger et indiquer comment le projet des représentations classiques dans la banlieue parisienne est né, a grandi et a pris une forme pratique et définitive. M. Gustave Larroumet et M. Pierre Lalo m'ont, d'ailleurs, singulièrement facilité cette tâche, le premier en rendant compte de chacune de ces soirées, le second en montrant, preuves à l'appui, et d'indiscutable manière, qu'un grand théâtre populaire ne peut vivre à Paris qu'à une condition expresse : c'est que les théâtres d'État y participent. A son tour, M. Nozière constate que l'épreuve tentée l'autre soir à la salle Wagram, où l'on jouait *Horace*, fut comme celle d'*Andromaque* et de *Tartufe* à Ba-Ta-Clan, des *Femmes savantes* aux Ternes, du *Misanthrope* à Belleville, aux Bouffes-du-Nord et à Maguera, d'une radieuse évidence.

Il est donc démontré aujourd'hui que les œuvres les plus fortes sont à la portée du public de nos faubourgs; il est démontré que c'est le théâtre qui doit aller à nos petits Parisiens; il est démontré que, faire du théâtre populaire, c'est prendre les chefs-d'œuvre de notre littérature française, les apporter au public chez lui, sans le déranger de ses habitudes et sans élever le prix habituel des places.

Cette idée de *théâtre-ceinture* s'est éclaircie, développée, élargie : elle satisfait les hommes d'opinions les plus diverses. On l'a bien vu à la Chambre des députés : après le rapporteur du budget des beaux-arts, M. Simyan, qui déclarait surprenants les résultats obtenus par ces représentations classiques de faubourgs, c'est un député de la Seine, M. Jules Auffray, qui, négligeant la fâcheuse politique et serrant de près la question, disait, aux applaudissements de tous :

« Je voudrais qu'on poursuivît et qu'on éten-
« dît les applications qui ont été tentées depuis
« quelque temps. Je définis ainsi le théâtre po-
« pulaire : « Ce n'est pas le peuple qui doit aller
« au théâtre : c'est le théâtre qui doit aller au
« peuple. » Les ouvriers rentrent de leur travail
« très tard, revêtus de vêtements malpropres ;
« il leur faut le temps de se changer et, suivant
« l'expression populaire, de casser une croûte.
« Puis, comme il leur faut ensuite trois quarts
« d'heure ou une heure de marche pour gagner
« le théâtre, ils arrivent trop tard. »

Oui, voilà le point essentiel... Omnibus, tramways, métropolitains, oh ! certes, les moyens de transports ne manquent plus aujourd'hui, mais les treize représentations, offertes en 1902 dans les quartiers les plus différents, nous permettent d'affirmer que les petits Parisiens nous savent surtout gré de venir à eux, chez eux, dans leurs quartiers, dans leurs théâtres, et de les intéresser durant quatre heures, sans qu'ils aient besoin de se préparer à ce plaisir et sans qu'ils soient forcés de faire des économies pour se l'offrir.

*
* *

Je puis bien l'avouer aujourd'hui : quand je considère la route parcourue depuis le jour où, ne sachant pas ce que ces petits Parisiens allaient nous répondre, nous donnions timidement des fragments de Molière et de Musset, des récitations de La Fontaine, de Lamartine et de Victor Hugo, des vieilles chansons, des danses et des causeries préliminaires, celles-ci excusant la hardiesse de notre tentative, quand je trouve, ici et là, la récompense à tant d'efforts, quand je compare nos théâtres de quartier aux *Volkstheater* de nos voisins, je me dis que nous avons le droit de tout espérer de nos petits publics ! Il faut avoir assisté à ces admirables représentations de nos chefs-d'œuvre dans les quartiers précités pour se faire une idée de ce que valent tous ces publics quand ils sont face à face avec Molière, Racine, Corneille, Marivaux ! Il faut avoir veillé aux préparatifs de ces spectacles pour savoir avec quel empressement nos meilleurs artistes vont à ces publics et avec quelle reconnaissance ils y retournent.

Comme nous voilà loin — j'en appelle à mes confrères qui prirent part à la séance du Comité du Théâtre populaire à laquelle j'eus l'honneur d'être convié en décembre 1899 — comme nous voilà loin de ces projets grandioses, si grandioses qu'ils étaient irréalisables, et comme je remercie, pour ma part, M. Lucien Descaves et M. Georges Bourdon, d'avoir, l'un dans ses si émouvantes chroniques populaires, l'autre dans sa très intéressante étude sur le théâtre du peuple, rappelé quelle fut mon attitude.

Je n'avais pas encore, à cette époque, accompli ma visite dans les *Volkstheater* de l'étranger : j'allais me mettre en route, et, ainsi que tout homme qui s'intéresse aux choses du théâtre, j'avais une idée : je la développai loyalement : je savais, que vers 1887, M. Ritt, directeur de l'Opéra, remit à M. Fallières, alors ministre des beaux-arts, un projet de théâtre populaire qui n'avait pu être réalisé, faute d'argent : l'auteur demandait plusieurs centaines de mille francs. C'était déjà une imprudence en 1887, et c'en est une, on le sait, plus grande encore aujourd'hui.

Mais ce projet était pratique. M. Ritt, homme avisé entre tous, savait que si toutes les entreprises de théâtre populaire échouèrent les unes après les autres, c'est que les impresarii voulurent toujours monter des pièces nouvelles avec des interprètes de choix. C'est là, M. Ritt ne l'ignorait pas, une fausse conception du théâtre populaire, un théâtre ainsi organisé se trouvant contraint de représenter les rebuts de nos grandes scènes musicales. Voilà le mal, objectait le directeur de l'Opéra, et le remède est dans la création d'un grand théâtre populaire de comédie et de musique avec nos propres ressources, avec nos répertoires, avec Molière, Racine, Corneille et aussi avec Rossini, Meyerber, Hérold et Gounod. Ce sont nos troupes de l'Opéra et de l'Opéra-Comique, de la Comédie et de l'Odéon, qui viendraient elles-mêmes jouer nos chefs-d'œuvre dans ce théâtre spécial. Un roulement serait établi et nous vous assurons, ajoutait M. Ritt qui s'y connaissait, que les bénéfices d'une telle entreprise seraient considérables. Qui les partagerait? Eh! parbleu, les directeurs de théâtres eux-mêmes.

*
* *

Une telle idée était, en effet, séduisante. L'Opéra pouvait parfaitement déléguer sa troupe une ou deux fois par semaine, le dimanche, le mardi ou le jeudi, c'est-à-dire les soirs où notre Académie nationale de musique ferme ses portes; l'Opéra-Comique et les deux théâtres français auraient fait de même; les deux concerts d'État : les concerts Chevillard et Colonne, auraient été invités à participer une fois par semaine, soit chacun une fois tous les quinze jours, à l'œuvre commune. Il s'en fallait ainsi de peu que toutes les soirées de la semaine ne fussent remplies. Un personnel de musiciens d'orchestre, de choristes et de figurants aurait été seul — j'insiste sur le mot « seul » — attaché à ce théâtre, et les interprètes de *Guillaume* ou d'*Orphée*, du *Barbier* ou du *Pré-aux-clercs* s'encadraient de la sorte, sans répétition et sans raccord, au jour fixé et à l'heure dite, au milieu de ces choristes, de ces figurants et de cet orchestre. Quant aux artistes des deux théâtres français, ils auraient été appelés à faire ce qu'ils font aujourd'hui lorsqu'ils se rendent dans les théâtres de faubourgs : à se laisser applaudir. Enfin, pour ce qui est de la décoration, plusieurs décors, des décors-types, auraient été fabriqués. Un salon, un château, un jardin, aurait dit Sarcey.

Et le fait est — ne met-on pas aujourd'hui cette théorie en pratique? — que la mise en scène passe au dernier plan quand il s'agit de nos chefs-d'œuvre. Les interprètes d'*Horace* ont, il y a quelques jours, débité les vers de Corneille sur une scène d'une extraordinaire exiguïté, et M. Paul Mounet, ravi de l'accueil enthousiaste du public, me disait, à sa sortie de scène, qu'une estrade lui semblait inutile et que le parquet eût largement suffi. Le lendemain, les interprètes de *Philémon et Baucis* ne se contentèrent-ils pas du plus modeste des paravents, et l'effet du charmant ouvrage de Gounod en a-t-il été, pour cela, amoindri? Ajouterai-je que nombre de décors de nos grands-opéras peuvent être utilisés pour les tragédies? Est-ce que les décors d'*Andromaque* ne sont point ceux de la *Prise de Troie?* Pour tout dire, un tel système ingénieusement appliqué ne permettrait-il pas d'éviter certaines difficultés qui pourraient venir du transport des décors?

Ce sont ces idées, qui me paraissaient à la fois très simples, très claires et très pratiques, que je présentai au comité du Théâtre populaire en décembre 1899. Mon succès, je dois le reconnaître, fut des plus médiocres. J'avais, dans ce comité, des camarades, voire des amis, et tous jugeaient mon projet irréalisable. Je fus accusé de prêcher pour mon saint, et mon saint, on le devine, c'était tout simplement les théâtres subventionnés. Le lendemain, je partais, et ma visite dans les *Volkstheater* d'Allemagne et d'Autriche, loin de me faire changer d'avis, me rassura complètement. Après tout, mon saint n'était peut-être pas si méprisable que le pensait le comité!

Cela se passait en janvier 1900. Les instituts populaires se fondaient alors, et M. Georges Leygues, ministre des Beaux-Arts, ne craignait pas d'affirmer, à la tribune de la Chambre, que le meilleur moyen de préparer le théâtre populaire depuis si longtemps rêvé, c'était de déléguer des artistes de l'Opéra, de la Comédie-Française, de l'Opéra-Comique et de l'Odéon chez les ouvriers qui consentent, après une rude journée de labeur, à prendre, sur leur soirée, quelques heures pour s'instruire; c'était de demander à ces artistes d'interpréter les plus belles pages des œuvres de l'art dramatique et musical. Et M. Georges Leygues annonçait que les directeurs des scènes subventionnées, déférant à son désir, lui avaient déclaré qu'ils étaient heureux de s'associer à une pareille œuvre.

.*.

Voilà, très exactement, d'où sont sorties et comment sont nées ces représentations populaires des scènes de faubourgs qui ont aujourd'hui un si grand retentissement.

On sait la suite. Quelques semaines après la déclaration de M. Georges Leygues à la Chambre, alors que la participation des théâtres subventionnés aux instituts populaires, aux universités et à la coopération des idées s'annonçait comme devant donner les plus précieuses indications, la catastrophe de la Comédie-Française arrivait... C'était la Comédie-Française qui, par son fonctionnement, devait être le pivot même de la combinaison : tout fut donc ajourné. Par bonheur, l'an dernier, M. Couyba, séduit par les très justes observations présentées lors de la discussion du budget de 1900, avait, dans son rapport des Beaux-Arts, développé l'idée de M. Ritt. Il ne nous restait plus qu'à mettre en marche ce beau projet.

Aujourd'hui, on ne saurait trop l'affirmer, la forme véritable à donner au théâtre populaire est trouvée. Onze représentations ont été données dans les faubourgs de Paris pendant l'année 1902 : en 1903 ces représentations seront doublées, et chaque quartier sera desservi deux fois au lieu d'une.

LE THÉATRE CEINTURE A PARIS[1]

Vous l'avez dit, mon cher confrère, le temps n'est heureusement plus où d'aimables écrivains, en quête d'un sujet d'article, consacraient sans conviction de longues colonnes au fameux théâtre populaire et pestaient contre l'État, le Conseil municipal et les indolents fonctionnaires. Nous entrons aujourd'hui dans la période d'activité : nous y sommes.

Vous pensez bien qu'il nous eût été facile de suivre la route toute tracée et d'organiser chaque année deux ou trois grands galas dont le produit eût alimenté la caisse de secours de l'*OEuvre française des Trente ans de théâtre* et assuré son fonctionnement régulier. Mais une Société de

1. Réponse à M. Nozière.

bienfaisance qui doit secourir directement et immédiatement tous les imprévoyants du théâtre, à quelque classe qu'ils appartiennent, une Société d'où le mot pension est intentionnellement banni, une Société qui n'a qu'un budget, celui des secours, devait se préoccuper d'offrir tout d'abord un peu de joie au Paris des faubourgs et de la banlieue ou, pour parler plus exactement, au Paris des petites places de nos grands théâtres.

Les débuts, vous le savez, mon cher confrère, ont été pénibles. Il s'agissait de savoir comment les petits Parisiens accueilleraient notre idée. Nous leur avons, en commençant, offert des fragments de chefs-d'œuvre : nous avons composé des affiches où toutes les formes de l'art dramatique et musical prenaient place, et nous n'avons oublié ni la chanson, ni l'opérette, ni la chansonnette. C'étaient Molière et Musset, Hugo et Lamartine qui faisaient le fond de nos spectacles, mais il faut bien dire que notre tourlourou national, le joyeux Polin, eut les honneurs de ces premières batailles.

Le succès de ces spectacles donnés au mois de mai 1902 nous autorisa, dès la rentrée d'octobre, à faire mieux encore, grâce à l'empressement de M. l'administrateur de la Comédie-Française et de ses artistes. Nous avons pu alors apporter aux publics de nos faubourgs, non plus des fragments, mais des œuvres entières dans leur intégralité. C'était une nouvelle étape à franchir. Nous savions que le *Misanthrope* et les *Femmes savantes*, excellemment joués par des artistes heureux de se trouver en contact avec un public si vibrant, seraient applaudis; mais rien ne nous disait que la tragédie obtiendrait la même faveur que la comédie. Nous n'avions qu'une confiance médiocre en Racine et en Corneille. Racine, à Bataclan, dans ce quartier habitué aux obscénités du café-concert! Heureusement, nos craintes étaient vaines; la représentation d'*Andromaque* ne fut qu'un long triomphe.

Le lendemain de cette inoubliable soirée, M. Gustave Larroumet évoquait ici même le souvenir des superbes soirées du théâtre d'Orange: il s'extasiait sur ce public grouillant, pleurant, haletant, frémissant. « Voilà, si l'on veut, concluait-il, la forme véritable du théâtre populaire; le grand répertoire allant chercher le peuple chez lui. La société riche irait le voir rue Richelieu, comme par le passé ; mais de temps à autre, le plus souvent possible, il irait, lui, dans les faubourgs, se mettre en contact avec l'âme du peuple. »

M. Gustave Larroumet fut, vous vous en souvenez, l'apôtre de nos représentations populaires. Dès le début, il comprit le double but de notre Œuvre : il l'aida à naître, à vivre et à grandir ; souffrant, malade, il porta la bonne parole au public de Montparnasse. Comment, d'ailleurs, ne pas tenir scrupuleusement compte des indications fournies par un homme qui, en sa double qualité d'ancien directeur des beaux-arts et de critique, a eu, et a chaque jour, connaissance de tous les projets de théâtres populaires à Paris et en province, qui reçut les confidences des entrepreneurs de spectacles, et qui a lui-même présidé ces comités d'organisation où cette question fut cent fois mise à l'ordre du jour pour être ensuite ajournée et définitivement enterrée ?

***

La soirée d'*Andromaque* à Ba-ta-clan parut décisive. Le public du quartier, qui s'entassait dans cette grande salle de café-concert et prenait d'assaut toutes les places à l'annonce seule du spectacle, réclamait une nouvelle représentation. *Tartufe* lui fut offert et Molière n'obtint pas moins de succès que Racine.

Devant un pareil résultat, il nous eût été facile de reprendre une, deux ou trois fois avant la fin de l'année 1902 le chemin du boulevard Voltaire. Mais avions-nous le droit de favoriser ce quartier au détriment d'un autre? Nous ne le pensions pas... Le théâtre-ceinture, répétait-on de tous côtés! Or, ce n'était plus faire du théâtre-ceinture que de visiter et de desservir plusieurs fois de suite le même public.

Théâtre-ceinture! Le mot, vous le faites judicieusement observer, est de M. Catulle Mendès, et nous n'entendons pas nous en attribuer la paternité. J'ai dit avec quelle ardeur enthousiaste mon éminent confrère et ami nous soutint en toutes occasions. Mais il y a une nuance entre le théâtre-roulotte, le théâtre démontable, le théâtre nomade tel que le conçoit M. Catulle Mendès et ce théâtre-ceinture tel que nous tentons de l'appliquer aujourd'hui. Cette idée du théâtre-roulotte, vous le reconnaissez vous-même, est avant tout une idée de poète; elle est charmante, mais elle n'est peut-être pas tout à fait réalisable dans notre immense et boueuse capitale; elle exige un éternel soleil...

Toutefois, si vous comprenez les inconvénients d'exécution qu'aurait le théâtre-roulotte de M. Catulle Mendès, vous êtes d'accord avec lui quand il s'agit du choix des ouvrages, et vous nous dites : « Il faut faire un pas de plus et prendre résolument un théâtre de quartier où une troupe bien entraînée donnera, devant des ouvriers, des employés et des étudiants, nos chefs-d'œuvre classiques et aussi des ouvrages nouveaux. »

En un mot, ce que vous réclamez, c'est la construction d'un théâtre dans un faubourg désigné. Vous comptez sur le tramway et sur le métropolitain : vous espérez qu'une fois ce théâtre-modèle construit, les petits bourgeois, les ouvriers et les étudiants y accourront en foule, pourvu que la place la plus chère ne dépasse pas quarante sous et que la place la moins chère coûte vingt-cinq centimes.

C'est ici, mon cher confrère, que je m'arrête. Ce n'est, hélas! un secret pour personne que les architectes de théâtres exigent beaucoup de temps et d'argent... Si aujourd'hui nous sommes parvenus à régulariser nos représentations populaires de faubourgs, c'est surtout parce que nous nous sommes contentés de nos propres forces, c'est-à-dire de nos chefs-d'œuvre qui peuvent se jouer partout sans décors, sans accessoires, sans mise en scène. Que de fois des centaines de mille francs furent demandés à la Chambre, au Conseil municipal et autre part encore, pour construire un théâtre modèle, un théâtre-trapèze avec toutes les commodités des *Volkstheater* de l'étranger! Quels ont été les résultats? Les directeurs de théâtres populaires, péniblement, sans subvention, vécurent quelques semaines, quelques mois, voire une saison entière, et tous disparurent.

Mais admettons que, par un hasard inespéré, ces centaines de mille francs soient accordées à un architecte chargé de bâtir ce théâtre-modèle ; admettons que, par un second hasard non moins inespéré que le premier, l'ouvrier prenne la peine de s'habiller, de dîner et de s'installer dans le métropolitain pour se rendre à l'autre bout de Paris, dans ce grand théâtre populaire modèle ; admettons, enfin, que d'ingénieuses combinaisons d'abonnement assurent la réussite de cette entreprise. Quelles sont les pièces que vous représenterez dans ce théâtre ?

Vous demandez des œuvres classiques, mais vous exigez aussi des œuvres nouvelles et, pour interpréter les unes et les autres, les anciennes et les modernes, vous réclamez une troupe jeune, laborieuse, capable de mener de front cette double besogne. Cependant, vous ajoutez qu'un théâtre populaire ainsi conçu ne doit pas devenir un instrument politique : vous estimez qu'il y a là un danger qu'il faudrait soigneusement éviter en bannissant de ce théâtre aussi bien les œuvres de haine que les pièces basses et vicieuses.

En somme, vous reprenez, mon cher confrère, la théorie si séduisante, que j'eus le plaisir d'entendre développer au comité fondé sous les auspices de la *Revue d'art dramatique* en décembre 1899. Je fus seul à cette époque, ou presque seul à trouver ce système périlleux, et vous savez avec quelle froideur je fus accueilli.

***

Périlleux, direz-vous. Et pour quelles raisons ?

La première raison, c'est que le théâtre simple, fort, démocratique, social, tel que l'entendait Michelet, le théâtre d'éducation populaire n'a point du tout pour mission, ce me semble, de représenter les ouvrages nouveaux. Les chefs-d'œuvre de notre littérature dramatique paraissent assez nombreux pour alimenter une telle entreprise... J'avais précisément devant moi, au comité de la *Revue d'art dramatique*, de jeunes et brillants écrivains de théâtre qui, sans y prendre garde, combattaient pour leur propre cause. Pouvais-je leur dire qu'un ouvrage nouveau est plus ou moins bon et que, tout naturellement, il fait plus ou moins d'argent ? Or, je ne suis pas, nous ne sommes pas des impresarii, il ne faut pourtant pas l'oublier... Ce n'est pas de gaîté de cœur que, dans nos représentations, nous écartons de nos intermèdes les noms de Reyer, de Massenet et de Saint-Saëns.

La question des anciens et des modernes, des morts et des vivants, a été, dans nos réunions, discutée sous toutes ses formes; c'est moi même qui insistai pour que seuls les auteurs classiques figurassent aux programmes des représentations de faubourgs. J'avais eu soin de consulter nos présidents d'honneur et particulièrement M. Victorien Sardou, que je tiens pour le guide le plus avisé... Or, tous, et M. Sardou comme les autres, pensent qu'*Andromaque*, le *Misanthrope*, *Tartufe* ou le *Malade imaginaire*, bien plutôt que les meilleurs ouvrages modernes, sont faits pour atteindre notre but, le vôtre comme le nôtre, qui est d'arracher les publics de faubourgs aux insanités du café-concert...

Et le Schiller-Theater de Berlin, objectez-vous? Ne joue-t-il donc pas, lui, les ouvrages nouveaux? Vous avez bien voulu invoquer mon témoignage, et je suis bien forcé de vous faire observer que la méthode du directeur du Schiller-Theater n'est point du goût des auteurs.

M. Lœwenfeld ne représente les ouvrages nouveaux que douze fois, pas davantage. Aussi qu'arrive-t-il? Les jeunes écrivains allemands hésitent et reculent : quant à leurs aînés, ils cherchent des directeurs qui ne soient pas contraints d'arrêter leurs pièces après douze soirées... Nos auteurs se montreraient-ils plus désintéressés? Vous n'en jureriez pas : ni moi non plus.

La seconde raison, non moins importante que la première, c'est que ces quatre mots que nous inscrivons soigneusement en tête de nos affiches des théâtres de faubourgs, *par la Comédie-Française*, exercent sur le public de nos faubourgs une action magique. Il est un point sur lequel tous les directeurs de théâtres de faubourgs tombent d'accord : c'est que nos représentations classiques réussissent et ne réussiront que si c'est la Comédie-Française, et la Comédie seule, qui joue Molière, Racine, Corneille...

— N'ayez aucune crainte, me disait, il y a quelques jours, M. Larochelle fils, qui, avec M. Hartmann, dirige quatre de nos plus importantes scènes de quartiers. Sociétaires ou pensionnaires, c'est tout un! La Comédie-Française, cela nous suffit! Songez que j'ai été élevé dans les bonnes traditions et que mon père connut et tâta tous les publics de notre capitale! Je suis navré lorsqu'une recette de Grenelle ou des Gobelins monte parce que nous avons intercalé un intermède de café-concert... Je suis ravi quand nous faisons de l'argent avec un drame de Victor Hugo et de Dumas, bien joué par nos solides troupes d'ensemble... Car c'est l'ensemble — l'argument de Sarcey reste irréfutable — qui fait la force de nos scènes de banlieue et nous permet de lutter contre les tournées et les étoiles! Mon associé, M. Hartmann, vous conta, l'an dernier, l'histoire de *Cyrano de Bergerac* joué dans un des théâtres du voisinage. La direction avait engagé, en représentations, un comédien connu et apprécié à Paris, mais le public, loin de savoir gré au directeur de s'être mis en frais, réclama le comédien, son comédien, celui qui jouait habituellement l'emploi, et fit mauvais accueil à l'artiste engagé en représentations. Pour ce qui est du répertoire classique, il n'y faut pas songer! Nos troupes de quartiers se montreraient incapables d'entreprendre un tel travail. Molière et Racine ne réussiront chez nous que s'ils sont joués par la Comédie-Française, et encore pas trop souvent... Oui, pas trop souvent... Aussi, croyez-moi... J'insiste... Gardez-vous bien de multiplier ces représentations classiques; une par saison, dans chaque quartier, c'est-à-dire deux par année, et nous serons largement satisfaits...

Et M. Larochelle ajoutait :

— Si je vous disais que la représentation que vous avez offerte salle Huyghens, à deux pas de notre théâtre Montparnasse, et que nous redoutions, nous a fait du bien. Ce soir-là, notre recette monta de plusieurs centaines de francs ! Les spectateurs qui n'avaient pas trouvé de places salle Huyghens se sont réfugiés chez nous...

J'en conclus avec M. Larochelle que, n'en déplaise à certains auteurs vraiment trop timorés, les représentations classiques de faubourgs offertes à petites doses ne peuvent nuire aux directeurs de ces théâtres.

.

Toutes ces explications, mon cher confrère, je vous les devais avant de répondre aux questions qui nous ont été faites à propos du fonctionnement régulier de nos représentations classiques. Jusqu'ici, nous avons suivi notre programme à la lettre; nous avons, les uns après les autres, *desservi* tous les faubourgs de Paris. Encouragés par des débuts inespérés, nous avons élargi notre idée : chaque quartier aura maintenant sa représentation; grâce à une entente avec le Conseil municipal et la Préfecture de la Seine, nous réservons des places aux écoliers les mieux notés de l'arrondissement; enfin — et c'est là notre plus douce récompense — nos confrères, sans distinction de parti et avec une extrême indulgence, reconnaissent qu'il y a, dans ces représentations, une forme du théâtre populaire.

Je dis une forme, mon cher confrère, car nous ne croyons point avoir définitivement fondé à Paris le théâtre réclamé depuis de longues années.

Vous avez indiqué ce qui avait été fait et ce qui, à votre sens, reste encore à faire. Nous pouvons différer d'avis — et nous en différons — sur les moyens d'exécution. L'avenir nous dira quelle était la meilleure formule. Est-ce celle du Comité de la *Revue d'art dramatique*, c'est-à-dire la vôtre? Est-ce celle de M. Gaston Deschamps qui paraît être celle de M. Emile Faguet? Ne serait-ce pas Jean Frollo, l'avocat quotidien des petits Parisiens, qui dirait vrai? Quant à moi, j'incline à croire que c'est tout simplement M. Gustave Larroumet, qui nous a indiqué la seule route véritablement pratique, la seule solution possible : « *le grand répertoire allant chercher le peuple chez lui, dans les faubourgs, de temps à autre* ».

LES REPRÉSENTATIONS
DANS LES THÉATRES DE FAUBOURGS
ET LE CONSEIL MUNICIPAL

Tandis que M. le sénateur Déandreis, à l'exemple de M. Simyan, rapporteur du budget à la Chambre, constatait que les représentations populaires classiques des Trente ans de théâtre dans la banlieue parisienne constituent un acheminement direct et pratique vers le grand théâtre populaire de comédie et de musique, M. Deville proposait à ses collègues du Conseil municipal de voter une indemnité pour chaque spectacle à venir.

Il importe d'expliquer dans quelles conditions et pour quelles raisons cette proposition a été faite.

Le 30 janvier 1903, poursuivant notre but,

qui consiste à desservir tous les théâtres de faubourgs les uns après les autres, nous nous étions adressés au propriétaire de la salle Wagram, un établissement spécialement fréquenté par les amateurs de bals et de meetings. Nous fûmes avisés que, du moment que le produit de la recette était destiné à une bonne œuvre, la salle serait louée à des prix exceptionnellement avantageux. Les impresarii ont d'ailleurs soin de nous réserver spécialement le lundi ou le vendredi : ce sont les jours creux de la semaine ; ces soirs-là, les risques directoriaux sont nuls, et le prix demandé pour la location de la salle permet au directeur de réaliser un petit bénéfice. Tous les intérêts sont ainsi conciliés.

Donc, le 30 janvier, la salle Wagram nous ouvrait ses portes ; l'affiche portait *Horace*, joué par la Comédie-Française, et les *Deux Aveugles* par l'Opéra-Comique ; la partie chorégraphique était confiée aux plus aimables artistes de notre Académie de danse, et la causerie faite par un conférencier connu, M. George Vanor. C'était le premier spectacle de l'année 1903, le douzième de la série inaugurée le 1ᵉʳ mai 1902. La représentation fut de tous points excellente ;

jamais la tragédie de Corneille ne parut plus belle que sur cette scène improvisée, d'une exiguïté extraordinaire et d'une incommodité réelle; jamais les interprètes, encouragés par des rappels sans fin, ne furent aussi parfaits.

Cette réussite, on le devine, prenait une importance particulière. Nous avions visité ou, pour mieux dire, *desservi* l'année dernière les scènes de faubourgs et de banlieue, et nous avions apporté aux petits Parisiens, chez eux, dans leurs quartiers, au modeste tarif de leurs places, les chefs-d'œuvre de notre littérature, joués par nos plus grands artistes; mais, cette fois, la tentative était autre; nous transformions une salle de bal et de réunions publiques en théâtre, et en théâtre classique.

M. Escudier, alors président du Conseil municipal, et M. Deville, rapporteur général du budget, qui assistaient à cette représentation, nous demandèrent comment nous comptions assurer le fonctionnement régulier de ces spectacles. Il s'agissait, en réalité, de décider si les soirées de 1903 s'organiseraient comme celles de 1902 ou si, au contraire, elles ne devaient pas être assimilées à des représentations régulières. Cette question allait, d'ailleurs, être discutée et résolue le lendemain même, le 31 janvier 1903, par notre Comité qui se constituait pour la première fois en Assemblée générale.

*
* *

Il fallait, d'une part, que ces représentations ne fussent pas onéreuses pour notre budget, et, d'autre part, que leur régularité fût définitivement assurée. Or il est clair que les frais de location de salles, les indemnités aux personnels des théâtres, les droits perçus par l'Assistance publique et les deux sociétés des auteurs, les transports, les affiches, le contrôle constituaient des frais d'autant plus importants que le tarif modique des places ne permettait pas de réaliser de grosses recettes. D'autre part, avions-nous vraiment le droit d'abuser plus longtemps du dévouement infatigable des artistes? Allions-nous toujours faire appel à ce concours gracieux qu'ils nous avaient spontanément offert, non point une, deux ou trois fois pendant l'année 1902, mais onze fois? Qui ne voit, en effet, que si la tâche est séduisante pour les interprètes des grands rôles du répertoire classique, pour Alceste, Célimène ou Andromaque, elle l'est moins pour M. Loyal, Panope ou Sabine?

Telle était la question. La réponse ne se fit pas attendre. Des habitants du XVI⁰ arrondissement qui avaient assisté à la représentation d'*Horace*, salle Wagram, nous firent remarquer que, depuis la disparition du théâtre Rossini, Passy et Auteuil n'avaient plus leur théâtre de quartier; ils en concluaient qu'un arrondissement qui ne possède ni théâtre, ni music-hall, ni cirque, ni café-concert (j'en excepte les bateaux omnibus du Point-du-Jour!) devait être plus favorisé que les autres. C'était l'évidence même. Mais où donner ces représentations? A Passy ou à Auteuil? Pourquoi ne pas faire un essai dans cette immense salle Humbert de Romans où M. Victor Charpentier offrit d'intéressants concerts et qui, si elle n'a pas de loges, contient plus de mille fauteuils? Mille fauteuils ou stalles à un, deux et trois francs. Là était le salut. Notre recette se trouvait assurée et nos frais, y compris les indemnités allouées aux interprètes, couverts. Enfin, comme la salle était immense, nous pouvions donner aux écoliers de l'arrondissement de Passy un certain nombre de places, à l'entière satisfaction de la direction de l'Enseignement de la Préfecture de la Seine.

Une causerie préparatoire, un chef-d'œuvre admirablement interprété, de courts intermèdes de chant et de danse ingénieusement choisis, un très abordable tarif de places, et avec cela des places réservées aux écoles de l'arrondissement desservi par nos représentations, tel était notre programme. Il n'en fallait pas plus pour séduire le rapporteur général du Conseil municipal qui gagna immédiatement notre cause auprès de ses collègues.

*
* *

Il y a, là, on le voit, nombre d'intérêts en jeu, et les intéressés directs sont, en somme, les directeurs et les artistes, sans compter les auteurs.

Comment ne pas redire avec quel empressement tous, grands et petits, vinrent à nous en ces inoubliables soirées d'essai du mois de mai 1902? Comment oublier que c'est sur les instances d'une charmante comédienne que nous avons négligé les « fragments » et les « récitations », les « spectacles coupés » du début pour donner intégralement un chef-d'œuvre classique? Célimène n'avait pas tort, puisque les représentations de Maguéra et de Belleville ont été pour elle des répétitions utiles qui lui ont permis de mettre au point un rôle difficile entre tous, et d'y remporter ensuite, à la Comédie-Française, le plus éclatant succès.

Ces représentations devront-elles un jour donner aux anciens le moyen de s'emparer de certains grands rôles, et aux jeunes l'occasion de s'essayer dans des personnages qu'ils jouent trop rarement? Constitueront-elles alors, non seulement l'acheminement vers un grand théâtre populaire, mais, du même coup, la réalisation de ce théâtre d'application que M. Charles Bodinier avait rêvé il y a quelques années de fonder rue Saint-Lazare? Ce sont là, aussi bien pour les vétérans que pour les débutants, des questions qui pourront être utilement examinées. Mais ce qu'on ne saurait, quant à présent, trop répéter, c'est que la Comédie-Française a, dans la circonstance, prouvé une force et une vitalité prodigieuses. Quel est le théâtre qui pourrait, le même soir, déléguer sa troupe dans plusieurs endroits différents? Est-ce le mécanisme du théâtre, est-ce le fameux décret qui accomplit de tels prodiges? Je l'ignore, mais le résultat reste éloquent.

Chacun, d'ailleurs, trouve son compte à ces représentations populaires. Nos artistes classiques font connaissance avec le plus admirable de tous les publics, tandis que les modestes et laborieux employés, formant le petit personnel, veillent aux préparatifs de ces soirées et touchent, à la fin de chaque soirée, des indemnités supplémentaires qui complètent leur traitement régulier.

Sait-on, par exemple, que les figurants qui sont payés 2 ou 3 francs dans leurs théâtres touchent un cachet de 5 francs chaque fois qu'ils collaborent à l'un de nos spectacles populaires?

En donnant une sanction aux rapports de MM. Déandreis et Simyan à la Chambre et au Sénat, le Conseil municipal ne témoigne pas seulement sa sympathie à une œuvre démocratique, il rend en même temps justice aux artistes de la Comédie-Française qui, sous l'impulsion de leur chef, ont définitivement assuré l'avenir des soirées classiques populaires dans les faubourgs de Paris.

LE FONCTIONNEMENT

DES REPRÉSENTATIONS CEINTURE

Pour répondre aux observations qui nous ont été présentées à propos du théâtre populaire, il était nécessaire que les représentations classiques, inaugurées l'an dernier et régularisées pendant la saison 1902-1903, eussent pris fin. Elles ont, ainsi que M. Gustave Larroumet le constatait avec sa grande bienveillance, dépassé toute attente. Partout, à Grenelle, à Montparnasse, à Belleville, à Montmartre, à Passy, dans les quartiers les plus divers, les petits Parisiens, heureux d'applaudir chez eux les chefs-d'œuvre joués par nos plus illustres artistes, sont venus en foule. Après cette concluante épreuve, il est bien permis d'affirmer que le théâtre populaire — dramatique ou lyrique si l'on veut, ou plutôt lyrique et dramatique, ce qui vaudrait mieux — est viable, mais à certaines conditions que nous avons déjà énumérées et qu'il convient aujourd'hui de préciser.

Une de ces conditions, c'est que ce grand théâtre soit nomade, c'est que les organisateurs *desservent* tous les faubourgs de Paris les uns après les autres : les Bellevillois ne doivent pas être jaloux des Grenellois ou des Montmartrois; il faut que tous les quartiers trouvent leur compte à ces représentations. Encore ne doivent-elles pas être trop nombreuses : un théâtre populaire, nous ne cesserons de le répéter, qui ouvrirait ses portes le 1ᵉʳ janvier pour les fermer le 31 décembre, serait condamné à la ruine, même s'il déléguait sa troupe à Grenelle pendant un trimestre, à Belleville pendant un autre, et les six autres mois de l'année à Passy ou aux Gobelins. Il semble indispensable — et les recettes le prouvent d'indiscutable manière — que ces représentations soient espacées. Dirai-je quelques-unes de ces recettes? Le 30 janvier 1903, salle Wagram (quartier des Ternes), *Horace* donnait une recette de 2.199 francs; le 18 février, salle Huyghens (quartier Montparnasse), le *Malade imaginaire* faisait 2.112 francs; le 13 mars, à Grenelle, *Tartufe* 1.509 francs; le 16, aux Gobelins, *Andromaque* 1.490 francs; le 2 avril, à Trianon (quartier de Montmartre), le *Misanthrope* 2.240 francs; le lendemain, 3 avril, aux Bouffes-du-Nord (quartier de la Villette), le *Cid* 1.817 francs.

Partout, on le remarque, le maximum était atteint, maximum assez faible, puisque, suivant la méthode adoptée, le tarif habituel du prix des places de chacun de ces théâtres n'était pas haussé pour ces représentations. Mais si les places se prenaient d'assaut, ce n'est point seulement parce qu'elles restaient accessibles aux bourses les plus modestes, c'est aussi et surtout parce que le programme contenait des noms d'artistes célèbres, parce que ce public savait gré à la Comédie d'être venue à lui et chez lui. Quant aux noms de Molière, de Racine et de Corneille, — disons-le loyalement — et les conférenciers ne me démentiront certes pas, — nos petits Parisiens ne les connaissent que bien imparfaitement. Voilà l'écueil, voilà le mal.

***

Accoutumés aux mélodrames, aux cafés-concerts, aux music-halls et aux fêtes foraines, les ouvriers de Montmartre, de Grenelle, de la Villette et de Belleville ne descendent pas dans Paris, le soir, après la fermeture de l'atelier. J'ai assisté aux 27 représentations de faubourgs de l'année 1903 et, suivant une méthode chère à nos anciens et particulièrement à notre Oncle, j'ai consulté ombre de spectateurs, j'ai recueilli leurs opinions, leurs impressions...

— Le jour où notre troupe habituelle aurait l'aplomb de jouer *Tartufe*, ce jour-là, me disait un habitué du théâtre de Grenelle, voyez-vous, Monsieur, la salle serait vide !...

Telle était l'opinion que me formula, l'an dernier, le directeur même de Grenelle.

J'en conclus que les spectateurs de banlieue ne sont pas du tout ceux des petites places de nos grands théâtres, non plus que ceux des représentations gratuites de la Comédie et de l'Opéra : ce sont, qu'on ne s'y trompe pas, les habitués des théâtres, des cafés-concerts et des cirques de leurs quartiers : ce sont des ouvriers, des employés qui, une fois la besogne de la journée terminée, ne se dérangent pas, qui se refusent à changer de toilette et à monter dans l'omnibus ou le métropolitain pour gagner, à l'autre bout de Paris, un autre théâtre que celui de leur voisinage : ces braves gens veulent leurs aises, et voilà pourquoi un théâtre populaire, fonctionnant dans un quartier qui ne serait pas le leur, ne les intéresserait aucunement. Ce théâtre-là, ils l'exigent chez eux, à leurs portes.

— Et encore! ajoutait mon Grenellois... Pas trop n'en faut de vos soirées classiques! Une ou deux par saison... Croyez-moi, ne changez pas nos habitudes!

*
* *

Leurs habitudes!... Voilà la vérité, et cette vérité est que, pour lutter contre cet envahissement et cette incrustation du café-concert, pour arracher ces publics aux *J'vends les crottins des chevaux de bois*, *J'cherche les puces du Lion* d'*Belfort*, ou aux *J'vends du buis l'jour des Rameaux* (excusez ces souvenirs d'ancien censeur!), la plupart des directeurs des théâtres de faubourgs font de louables efforts : ils constituent des troupes homogènes et des répertoires solides de drame et de comédie; chaque semaine, ils varient leurs affiches, et il n'est pas de jour où leurs pensionnaires ne répètent deux ou trois rôles à la fois. La lutte s'engage aujourd'hui entre le directeur de théâtre de quartier et le tenancier de café-concert, et l'impresario de théâtre aura la tâche d'autant plus difficile que son collègue du concert peut maintenant offrir des pièces — de véritables pièces en trois, quatre ou cinq actes — à des spectateurs qui, eux, ont le droit de fumer et de boire. Ainsi se pose la question : elle a été portée d'abord devant la commission supérieure des théâtres, ensuite à la tribune de l'Hôtel de Ville, et l'on ne saurait trop remercier les conseillers municipaux qui l'ont placée sur son véritable terrain... Mais, en attendant qu'elle soit tranchée, en attendant que la délimitation entre le théâtre et le café-concert soit nettement fixée, il faut que, quelque opinion que nous gardions sur la forme à donner au théâtre populaire, nous défendions les directeurs des théâtres de faubourgs contre cet envahissement du café-concert, contre cet empiétement que rien ne justifie; il convient aussi que la Société des auteurs s'inquiète de cet état de choses : il ne faut surtout pas que des auteurs, pour le simple plaisir de voir leur noms flamboyer sur l'affiche durant quelques soirées, donnent aux directeurs de cafés-concerts l'autorisation de jouer leurs pièces.

— Des cafés-concerts, Monsieur, me répétait mon interlocuteur, nous en avions un, un seul, autrefois, dans notre quartier! Nous en avons trois, quatre, maintenant... Et c'est partout la même chose, dans tous les quartiers de Paris! Le nom seul change! On les appelle music-hall... Nous, nous disions simplement : des cafés-chantants!

*
* *

Il nous faudrait maintenant répondre à la question que voulut bien nous poser M. Larroumet : pourquoi l'Odéon ne prendrait-il pas part aux soirées de faubourgs?

Il se trouve que notre Grenellois — il fut autrefois régisseur de théâtre! — avait d'avance répondu à cette judicieuse critique. Quand il nous disait : « C'est la Comédie-Française seule que nous venons applaudir ! » il indiquait, sans y prendre garde, une des conditions essentielles de réussite des soirées de banlieue, et quand il ajoutait : « Une ou deux représentations par an, pas trop n'en faut! » il dissipait nos craintes sur la composition et la variété des programmes. Du moment, en effet, que nous ne visiterons qu'une ou deux fois par saison chaque théâtre de faubourg, le grand répertoire classique sera toujours assez riche pour former le corps de spectacle. Dirai-je qu'il me paraît indispensable d'apporter à ces publics des chefs-d'œuvre? Le *Cid*, *Horace*, *Polyeucte* seront applaudis par tous les publics, mais pourrait-on, sans imprudence, afficher à Belleville *Nicomède*, *Rodogune* ou même *Cinna*? On jouera toujours et partout *Tartufe*, le *Misanthrope* et le *Malade imaginaire*, mais ne doit-on pas se méfier du délicieux *Étourdi* et même, hélas! des impérissables *Femmes savantes*? *Andromaque* a été acclamée à Ba-Ta-Clan, à Grenelle et à Passy, et Mme Bartet n'obtint jamais un plus retentissant succès que le soir où elle se montra aux Montmartrois dans *Bérénice*, mais *Bajazet* serait-il aussi chaleureusement accueilli que *Bérénice?* La tentative faite avec le *Jeu de l'Amour et du Hasard* a réussi, mais rien ne nous dit que les *Fausses confidences* seraient appréciées à leur juste valeur ! On a applaudi aux Gobelins une scène de *Démocrite* de Regnard, mais les cinq actes du *Légataire universel* auraient-ils sur nos petits Parisiens la même action que sur les spectateurs de la Comédie ou de l'Odéon ? Lorsque nous avons voulu afficher le *Barbier de Séville*, un directeur de faubourg, prudent, trop prudent sans doute, nous confessa que Rossini fait maintenant tort à Beaumarchais.

Il y a, en somme, de fort importantes classifications à établir et les programmes demandent à être préparés avec circonspection... Ce qui plaît aux Bouffes-du-Nord ne plaît pas toujours à Belleville. N'est-ce pas encore M. Larroumet lui-même qui, avec raison, constatait que chacun des théâtres visités par ces tournées a sa physionomie propre, qu'à Montparnasse, par exemple, ce sont les petits commerçants qui affluent, alors qu'à Belleville c'est le véritable public populaire qui domine?

* *

Il y a autre chose.

La troupe du second théâtre français peut-elle, comme celle du premier, se transporter et se dédoubler? J'en doute! Quand, au mois de février, nous avons organisé à Passy une représentation de l'*Arlésienne*, il a fallu que la direction de l'Odéon prît ses précautions et affichât, ce soir-là, une pièce nécessitant raccords et répétitions. L'Odéon joue tous les soirs le même ouvrage et y emploie ses principaux artistes; la Comédie-Française, au contraire, varie chaque jour son spectacle; elle a pour chacune de ses œuvres classiques et modernes, deux, trois ou quatre distributions, tandis que l'Odéon n'en a qu'une seule. Voilà une difficulté matérielle contre laquelle les meilleures volontés du monde ne pourraient rien...

Déjà, grâce à la bonne volonté des directeurs de nos grandes scènes musicales et à l'adhésion de leurs artistes, nous avons offert des actes d'opéra et des opéras-comiques tout entiers : les musiciens de l'orchestre, les choristes, tous sont venus à nous et nous permettent de mettre debout un projet que nous croyons irréalisable... Certes, il y a encore bien des progrès à accomplir : il faudra veiller à ce que les frais de ces représentations ne soient pas excessifs, à ce que les recettes couvrent toujours les dépenses, et c'est pour atteindre ce but — nous pouvons bien le confesser aujourd'hui! — que nous avons décidé de donner, chaque saison, au Trocadéro, plusieurs spectacles hors série, gardant un caractère classique et demi-populaire et nous permettant, la salle étant immense, d'emplir notre caisse de secours. Mais il faudra qu'à tant d'appuis, matériels et moraux, viennent s'en ajouter d'autres, et tout d'abord ceux de l'Assistance publique et de la Société des auteurs.

SOUVENIRS DE THÉATRE

L'ANCIENNE COMÉDIE

MADELEINE BROHAN — MAUBANT

Juin 1902.

L'ancienne Comédie disparaît. Après Clémentine Jouassain, voici Maubant qui s'en va. Mme Jouassain, c'était la duègne; M. Maubant, c'était le père noble. Chaque comédien, au temps déjà lointain des Jouassain et des Maubant, tenait son emploi. J'ai même ouï dire que cette classification donna parfois lieu à des querelles, voire à des procès. Rien n'est plus malaisé, en effet, que de délimiter les emplois. Où commençait l'emploi dit du fort jeune premier amoureux? Clitandre, des *Femmes savantes*, revenait-il au jeune premier Bressant ou bien à l'amoureux Delaunay? L'Orgon, de *Tartufe*, qui relevait de l'emploi des financiers, ne pouvait-il être tenu par un grime? Dorine était une première soubrette et — arrangez tout cela ! — Martine n'était qu'une seconde soubrette, Célimène était une grande coquette, Armande une coquette... Les réclamations pleuvaient chez Camille Doucet, qui était alors directeur des théâtres au ministère, et l'administrateur général Édouard Thierry, avec beaucoup d'à-propos, décida un beau jour que, pour éviter toute contestation, l'engagement de l'artiste stipulerait un emploi et, au besoin, un second... Cet « au besoin » contenta tout le monde : Doucet, Thierry et sociétaires. Tous en usèrent si largement que, peu à peu, il n'y eut plus d'emplois... On disait les Trial, les Dugazon à l'Opéra-Comique, on disait les Arnal au Palais-Royal, les Lesueur et les Bouffé au Gymnase; on fit de même à la Comédie : la désignation de l'emploi fut remplacée par le nom même du comédien

Maubant était resté fidèle à toutes les traditions de l'ancienne Comédie; il n'admettait pas de tels changements. La dernière fois que je l'aperçus, c'était le 31 décembre, à la réception officielle du ministre des beaux-arts. Il relevait de maladie, mais pour rien au monde il n'eût manqué au rendez-vous; il présentait ses hommages à son chef, non point comme sociétaire retraité, mais comme ex-vice-président de l'Association des artistes.

— Si je vous avouais, disait le brave homme, que ce jour-là est chaque année une fête pour moi, vous ne me croiriez pas! Cela est pourtant. Voilà comme nous sommes, nous autres!

Il y avait dans ce « nous autres » tout un monde! C'est que Maubant était précisément un des derniers survivants de l'ancienne Comédie. M. Jules Claretie l'a excellemment marqué l'autre jour : il a évoqué les âges héroïques où les débutants faisaient pied à pied, bout de rôle par bout de rôle, à force de travail quotidien, la conquête d'une situation où l'honneur importait encore plus que le gain ; il a rappelé le temps où les comédiens ne s'imaginaient pas qu'ils exerçaient la plus difficile des professions, où ils s'estimaient heureux de gagner leur vie et de la bien gagner, où ils ne mettaient pas à cet art plus d'importance qu'il n'en veut avoir, où tous, sociétaires et pensionnaires de la Comédie, étaient de bons vivants, heureux de vivre, plus heureux encore de faire rire ou pleurer leurs semblables!... C'était alors — M. Claretie a ingénieusement insisté sur ce point — ce que Jules Janin appelait le beau temps du théâtre : point de raideur, point de gêne, rien de guindé; des amours-propres de bons garçons et de bonnes filles; des gens qui riaient toujours, véritables enfants du père Molière !

*
* *

Est-ce parce qu'en avançant dans la vie on est enclin à garder une impression ressentie au temps des jeunes années? Est-ce parce qu'un charme très doux, très tendre et très particulier se dégage de tous ces souvenirs de jeunesse? Je ne sais. Mais en lisant l'autre jour l'éloquent discours de M. Claretie, je songeais à ces soirées passées, il y a plus de vingt ans, en ce foyer de la Comédie dont Madeleine Brohan faisait si superbement les honneurs. Elle était installée, souriante, sous l'antique horloge placée alors entre les deux fenêtres. La grande coquette venait d'aborder, on sait avec quel succès, l'emploi — disons l'emploi ! — des mères. A Célimène, à Elmire avaient succédé la duchesse de Réville et la marquise de Villemer. Une seconde carrière, infiniment plus brillante, mais hélas ! plus courte que la première, allait commencer pour elle. Durant de longues années, Augustine avait éclipsé Madeleine : la soubrette avait nui à la coquette. Madeleine « Madame Madeleine » allait prendre sa revanche, et quelle revanche ! Elle avait le talent, elle avait l'esprit ; elle avait aussi la bonté.

— J'aime mieux, répétait-elle, être la plus jeune des vieilles que la plus vieille des jeunes !

Mot profond d'une Célimène qui sait vieillir. Elle ne rougissait pas, quand elle jouait le rôle de la baronne de Vaubert de *Mademoiselle de la Seiglière*, de souffler à sa jeune partenaire celui d'Hélène, qui lui avait valu un de ses premiers triomphes. Elle ne croyait pas à la fameuse théorie de Dumas : vingt-trois ans le matin, vingt-trois ans le soir. Elle se riait de ses camarades qui, s'embrouillant dans leurs calculs, comptaient un an de moins chaque fois qu'elles avaient un an de plus et ne savaient plus ni leur âge ni celui des autres.

— Je ne lis plus les articles de journaux, reprenait-elle. C'est le seul moyen de me dire que j'ai encore trente ans !

Ah ! comme on pouvait dire d'elle ce que que Gautier écrivait de sa sœur Augustine : « Rentrez au foyer des artistes après l'étourdissement de votre soirée, et vous y retrouverez la plus aimable femme du monde, qui vous reçoit avec des airs de femme du monde, avec cette verve et cet esprit, cette délicatesse et cette dignité de manières que nulle comédienne n'a hors du théâtre ! »

Elle avait tout cela ! Elle était tout cela. Et cependant une chose la troublait en ses dernières années de théâtre : elle ne voulait à aucun prix, sous aucun prétexte, donner sa représentation de retraite.

— Je n'assisterai pas à mon enterrement !

Elle tint parole; elle n'eut même pas ses dernières représentations. Elle invoqua des raisons de santé qui n'étaient malheureusement que trop vraies; elle demanda un congé, puis deux, puis trois, et elle ne reparut pas sous la grande horloge. C'était fini de notre présidente ! Car elle était notre présidente, présidente d'une société qui ne s'est jamais réunie, d'une société toute platonique, qui s'appelait la Société des Chevreuillets...

* *

L'ancienne Comédie ! Les Chevreuillets ! Mᵐᵉ Madeleine ! Il y a longtemps de cela. Je cherche à me retrouver en ce foyer et je ne m'y retrouve plus... L'horloge a changé de place ! Got, Thiron, Maubant, Barré, Madeleine Brohan, Jouassain, Samary, que de disparus ! Suzanne Reichenberg et Blanche Barretta, Delaunay, Frédéric Febvre et Gustave Worms, que de retraités ! Et Constant Coquelin ! Julia Bartet arrivait alors... Elle débutait dans *Daniel Rochat*, puis dans *Iphigénie* et dans la Camille d'*On ne badine pas avec l'amour*. Elle venait d'être, au Vaudeville, la délicieuse héroïne de toutes les comédies de Sardou et d'Alphonse Daudet. Julia Bartet n'avait encore été ni Denise, ni Francillon, ni Bérénice, ni Armande, ni Sylvia, mais notre présidente l'avait devinée : elle avait prédit à l'amoureuse, à la jeune première, à la grande jeune première (toujours les emplois !) tous les succès ; elle la jugeait moderne et classique, capable de donner à Sylvia un caractère, à Bérénice une âme... La voix de la mignonne Julia Bartet l'avait ravie — une voix douce et touchante, ayant quelque chose de grave et d'ingénu, de sérieux et de jeune ! Et cette voix, à laquelle il était impossible de résister, allait quelques mois plus tard, après l'accessit du Conservatoire, soupirer, au Vaudeville de Léon Carvalho, la Vivette de l'*Arlésienne!*

Et tandis que Julia Bartet obtenait tous les succès, tous les triomphes, Blanche Pierson faisait son entrée dans le même foyer, mourant de peur... Elle avait été l'étoile du Gymnase et du Vaudeville ; mais l'horloge, l'horloge de Mme Madeleine, la terrifiait... Et Mme Madeleine la rassurait : elle la savait fine, adorant le théâtre, d'une intelligence tout à fait supérieure... Notre présidente ne se trompait pas !...

Et nous voici bien loin de Maubant et des pères nobles, de Mme Jouassain et des duègnes !

Mais qu'importe ! La Comédie dure et survit : elle se rajeunit. Le public français, qui a bien peu de choses en respect, garde la religion du Théâtre-Français. Oui, notre Paris y croit. Le poète l'a dit : vanité, imprévoyance, colères subites, défaillances sans motifs, croyances d'un jour, enthousiasmes d'un instant, répulsions sans causes, adorations au hasard, on lui reproche tout à la Grand'Ville... Et la Comédie-Française vit, résiste et triomphe, et l'horloge du foyer de l'Ancienne Comédie tourne toujours...

L'ANCIENNE COMÉDIE

SILVAIN — GABRIELLE THOLER

Juillet 1902.

... Mais ce n'était pas tout que d'assister aux belles représentations de la Comédie moyennant la somme de cinquante sous qui donnait — qui donne encore — le droit de s'installer dans une confortable stalle de parterre et de recevoir les confidences des claqueurs, tous vieux habitués de la maison, tous excellents professeurs de théâtre! Ce n'était pas tout que d'attendre le matin, dès l'aube, le colleur d'affiches, véritable chœur antique annonçant les plaisirs quotidiens! Ce n'était pas tout que de guetter à la sortie, après une représentation triomphale, ces artistes vénérés! Oh! la sortie des artistes!... Le parterre ne me suffisait plus... Je voulais être inscrit sur le registre de Verteuil, le registre des entrées. J'avais bien, en une feuille obscure qui ne vécut que quelques numéros, eu l'honneur de remplacer mon cher camarade, M. Fernand Samuel : mais Verteuil restait impassible. J'eus alors l'idée de faire des silhouettes d'artistes. Quel est celui de nous qui ne traça pas une vague silhouette de comédien?

— Le Conservatoire d'abord, nous répétait notre vieux professeur de rhétorique Eugène Talbot... Les silhouettes artistiques, ensuite, et enfin la direction de l'Odéon! Ce sont les trois étapes régulières, les trois rêves du bon jeune homme!

Je fus ce bon jeune homme. Je soumis mon projet au directeur de l'*Estafette*, Léonce Détroyat; je ne demandai pas d'appointements : je fus donc agréé et m'attelai aux silhouettes. Le pauvre Burani, mort il y a quelques mois, faisait alors dans ce journal la soirée théâtrale : l'auteur des *Pompiers de Nanterre* triomphait à l'Athénée du père Montrouge avec ses joyeux vaudevilles, dont le plus connu est *le Cabinet Piperlin*; très obligeamment il guida mes premiers pas et me mit en rapports avec Silvain, son voisin de campagne.

La série des silhouettes — il faut toujours annoncer la série! — commença donc par Silvain. Burani nous réunit à dîner dans sa villa d'Asnières, Armand Silvestre, alors bibliothécaire au ministère des finances, Silvain et moi. C'était mon premier dîner de théâtre, et le cœur me battait fort; les anecdotes pleuvaient; je me contentai d'écouter avidement : j'aurais voulu écrire tout ce que disaient ces trois hommes qui me semblaient être les plus grands du monde!...

La carrière de Silvain n'était pas encore bien longue. Le jeune tragédien avait débuté à la Comédie dans Thésée de *Phèdre* entre Sarah Bernhardt et Mounet-Sully. Maubant restait titulaire en chef de l'emploi — toujours les emplois! — des pères nobles, et Silvain se voyait contraint de se confiner dans les confidents de la tragédie et les raisonneurs de comédie. Deux rôles surtout, Félix de *Polyeucte* et Narcisse de *Britannicus*, lui avaient valu de très mérités succès. Mais le vieil Horace, Burrhus, don

Diègue et Ruy Gomez, qui l'attiraient, revenaient de droit au vénérable chef de file. Perrin ayant aboli l'usage des tours de rôle, Silvain devait, comme ses jeunes camarades, marquer le pas : il espérait bien qu'un jour Maubant s'attarderait au billard du café de la Régence en compagnie du brave Joliet. Mais Maubant n'oubliait jamais l'heure du Cid!...

En même temps qu'il nous faisait part de sa légitime impatience, Silvain nous traça de Ballande un ingénieux portrait : il sortait du Troisième Théâtre-Français dont il avait été une des gloires avec Leloir, Barral et Albert Lambert père. Ballande, on s'en souvient, fut, avant la guerre, l'initiateur des matinées classiques, et certes les amateurs du répertoire lui doivent beaucoup. Mais si le directeur ne manquait ni d'intelligence ni de décision, l'homme montrait une solennité dangereuse. Sarcey, qui le tenait admirablement et en faisait parfois, à nos déjeuners hebdomadaires, une charge savoureuse, porta sur lui un jugement définitif :

— Quand, disait Sarcey, ce diable de Ballande, redoutable entre tous, commence un discours et expose une idée, il faut renoncer à l'espoir de l'arrêter. Il est de la terrible race de ceux à qui l'on ne peut se soustraire à moins de leur laisser aux mains le bouton d'habit par où ils vous retiennent.

Silvain partageait cet avis : il n'avait pas oublié que, pour entrer à la Comédie, il dut donner à Ballande cinq beaux billets de mille francs. Il avait encore sur le cœur ce dédit quand nous nous réunîmes à Asnières, autour de la table hospitalière de l'aimable Burani. Silvain n'était pas bien riche alors : il était pensionnaire... Je crois qu'à cette heure le sociétaire à part entière a oublié les billets de mille qui ne lui portèrent pas précisément malheur.

Je fis donc la silhouette du tragédien et je décrétai qu'il idéalisait les pères nobles. J'avais peiné Maubant, mais j'avais conquis Verteuil, qui m'accorda mes entrées.

***

Je priai Silvain de me présenter à sa camarade Gabrielle Tholer, à laquelle je devais consacrer ma seconde silhouette.

Gabrielle Tholer habitait une villa à Auteuil,

là-bas, bien loin, rue Molitor. Elle rentrait de Pétersbourg et venait de faire à la Comédie-Française une éclatante rentrée dans *les Fausses Confidences*. A l'amoureuse gracieuse, mais quelque peu conventionnelle, que nous avions applaudie du bout des doigts sous les traits d'Henriette, d'Angélique et de Valentine de Santis du *Demi-Monde*, faisait place une grande coquette véritable. Elle avait trente ans à peine et était dans tout l'éclat de sa beauté. Elle me retraça sa carrière; elle me rappela qu'elle n'avait obtenu au Conservatoire qu'un second prix et elle n'admettait pas une telle injustice : elle me déclara qu'elle fonderait au Conservatoire, par testament même, un second prix de consolation destiné aux jeunes filles déshéritées du sort et victimes des sévérités du jury. Elle tint parole et, trop tôt pour elle et pour nous, nous avons eu le *prix Tholer*. Il y a, en effet, chaque année, au Conservatoire, une somme réservée à l'élève femme ayant obtenu le *second* prix de comédie. Cela l'ennuyait d'avoir été la seconde, toujours la seconde! Elle voulait être la première et allait peut-être réaliser son rêve, la grande coquette en chef, la favorite de la Comédie, Sophie Croizette, quittant le théâtre.

Gabrielle Tholer n'eut pas le temps de mettre son projet à exécution! Elle est restée une grande coquette : la force physique lui manquait lorsqu'elle jouait la baronne d'Ange. Elle se montra une Araminte parfaite; nulle comédienne ne lança avec plus de légèreté spirituelle au duc de Richelieu de *Mademoiselle de Belle-Isle* : « L'ingrat! » de la marquise de Prie; elle indiqua, avec un sentiment rare, les deux faces du personnage de la comtesse du *Mariage de Figaro* et l'on apercevait, sous la grande dame langoureuse, ennuyée, prête à se réfugier aux Ursulines, l'ancienne Rosine du *Barbier*, enjouée, fûtée, inventant les fameux marronniers. Elle ne jouait pas un rôle sans consulter Mme Arnould-Plessy dont elle fut l'élève préférée. Comme elle était intelligente et instruite, comme elle adorait son art, elle se plaisait à analyser ses personnages. C'est ainsi que, lorsque je la vis pour la première fois, elle me fit une véritable conférence sur Araminte et Sylvia. Elle avait un désir fou de jouer Racine, s'appuyant sur ce que *Bajazet* c'est *les Fausses confidences* et qu'*Andromaque* c'est *le Legs*.

— Marivaux, disait-elle, est le cousin, et le cousin très germain, de Racine.

Sa théorie sur les affinités de ces deux génies semble, à coup sûr, très défendable. Qui sait si Mme Bartet ne devint une incomparable Sylvia que parce qu'elle fut une incomparable Bérénice? Il y a tant de nuances, tant de « sentiers » en ces deux cœurs de femmes!

La vérité est que Gabrielle Tholer qui naquit en Lorraine, à Faulquemont, patrie d'Anna Thibaud, la diva de café-concert, et d'Alice Panot, la mère de la jeune Mlle Pierat qui gagna l'an dernier au Conservatoire un prix (et un premier, elle!), nous apparut comme la vraie comédienne du dix-huitième siècle. Elle n'était ni une grande jeune première, ni un premier rôle : elle fut par excellence la comédienne du répertoire, la comédienne d'un temps où, comme le dit si bien Michelet, l'âme française, un peu légère, mobile et refroidie par le convenu et l'artificiel, gagne déjà un degré de chaleur. Elle eut la beauté, l'éclat, la préciosité et aussi cette sensibilité particulière ou, pour mieux dire, cette sensiblerie de théâtre, qui restent les dons essentiels de la grande coquette.

Dois-je dire que la silhouette consacrée à Gabrielle Tholer fut dithyrambique? Détroyat l'accepta; il n'y changea pas un mot : il eut tort. Je viens de relire l'article qui, par bonheur, n'était pas signé de mon nom. Qu'importe! Je fis plaisir à une charmante femme. Et puis, Verteuil, qui, après l'article sur Silvain, m'avait donné mes entrées pour un an, me fit l'amitié, après l'article sur Gabrielle Tholer, de doubler la dose et de me les donner pour deux ans. J'étais sauvé!

L'ANCIENNE COMÉDIE

LE COMITÉ DE 1882

Décembre 1902.

Au milieu de lettres déjà vieilles, je viens de retrouver un billet ainsi conçu : « Je suis nommé sociétaire, je suis bien heureux! » Le signataire est aujourd'hui membre du Comité d'administration de la Comédie-Française; il a la part entière; c'est un homme considérable et considéré qui serait sans doute fort étonné si je lui présentais le petit bleu vieilli par le temps...

Hélas! oui, Pierrot avait raison. « Nous répétons toujours la même chose parce que c'est toujours la même chose. » Et chaque année, vers la fin décembre, la crise éclate... Les pauvres pensionnaires se réveillent : ils comptent leurs rôles dans le répertoire, ils additionnent leurs créations de l'année, ils rappellent les promesses faites et les paroles données et reprennent consciencieusement leurs visites sociétariales.

Je suivis en 1882 — vingt ans! — les diverses phases d'une crise célèbre entre toutes, qui se termina par la nomination de cinq sociétaires : Mmes Pauline Granger, Gabrielle Tholer, Adeline Dudlay, MM. Prudhon et Silvain. Léonce Détroyat m'avait chargé de la rubrique : Les élections des sociétaires. Naturellement, je consacrai à chaque candidat un portrait enthousiaste. Gabrielle Tholer, je l'ai dit, me semblait être la plus parfaite des grandes coquettes; je rappelai qu'elle avait débuté à la Comédie, avant la guerre, à sa sortie du Conservatoire, dans un rôle épisodique de *Julie*, un drame émouvant d'Octave Feuillet, qui appartint longtemps au répertoire et était merveilleusement enlevé par Mmes Favart, Reichenberg, MM. Febvre et Laroche...

Je n'admettais qu'une seule tragédienne,

Mˡˡᵉ Adeline Dudlay, qui, par suite du départ précipité de Mᵐᵉ Sarah Bernhardt, hérita de tous les grands rôles de tragédie. Quant à Mᵐᵉ Pauline Granger, elle avait été, avec l'excellent Barré, victime d'un inconcevable oubli; elle tenait deux emplois : elle se montrait une Dorine incomparable et une mère noble parfaite.

Prudhon, lui, m'avait remis la liste complète des rôles repris et créés par lui et je constatai que, depuis ses débuts à la Comédie, qui remontaient à la création du *Lion amoureux* de Ponsard, il avait appris plusieurs milliers de vers et que sa santé n'en demeurait pas moins resplendissante... Silvain sortait du théâtre Ballande ; il avait débuté à la Comédie dans Thésée, aux côtés de Mᵐᵉ Sarah Bernhardt, qui jouait Phèdre, et de Mounet-Sully, Hippolyte magnifique; il avait trouvé le moyen d'y remporter un succès personnel très vif. Malheureusement son chef de file, Maubant, ne lâchait pas un seul rôle de père tragique. Silvain, je vous l'ai dit, avait donc pris le sage parti d'aborder les confidents, et ses tentatives dans Narcisse, de *Britannicus*, et dans Félix, de *Polyeucte*, réussirent pleinement.

Sarcey de son côté, en tacticien émérite, sans

nommer personne, menait campagne pour les pensionnaires : il établissait chaque dimanche que les parts réglementaires n'étaient pas distribuées et que le décret de Moscou se trouvait sans cesse violé. La guerre était déclarée entre l'administrateur et le critique... Henry Fouquier mit le feu aux poudres en faisant paraître dans les *Annales du Théâtre et de la Musique*, d'Edmond Stoullig et Edouard Noël, une magistrale préface intitulée « la Maison de Monsieur Perrin ».

*
* *

La cause fut gagnée. Le Comité nomma cinq sociétaires à la fois.

C'était alors Got qui, en sa qualité de doyen, prenait le premier la parole au Comité d'administration. Invariablement, avec sa rude et brutale franchise, il répétait :

— Des sociétaires? Pour qui? Pourquoi? Voyons! je vous le demande! Rappelez-vous le temps, où nos grands camarades, Régnier, Samson, Provost, ne gagnaient rien, oh! là, mais rien! Nous avons connu ces années-là,

Delaunay et moi! Alors? Ma conclusion, vous la devinez! Ne nommons personne! Et puis, vraiment, entre nous, Messieurs, trouvez-vous un artiste, parmi ces jeunes gens, qui soit digne d'être des nôtres et d'appartenir à notre compagnie? Prenez garde! Du jour où vous faites d'un pensionnaire un sociétaire, vous lui reconnaissez des droits acquis, imprescriptibles; vous le sacrez chef d'emploi : il est indéracinable. Voilà ce que vous oubliez! Les critiques prétendent que nous partageons des parts qui ne nous reviennent pas! Allons donc! Je voudrais bien voir ça! Nous plaiderons.

Le vice-doyen, M. Delaunay, était l'indulgence même; il ne lisait jamais les journaux, mais il considérait que l'illustre Compagnie devait donner l'exemple et ne point entrer en lutte avec l'opinion : une entente était, selon lui, indispensable pour le bon renom de la Maison et les vieilles et saines traditions...

— Eh oui! Messieurs, notre doyen n'a pas tort, je ne le conteste pas... Mais enfin, souvenez-vous! Nous fûmes pensionnaires avant de connaître les douceurs de la part entière! Le décret n'est pas si formel que notre doyen le prétend. Un pensionnaire fait trois débuts. Si les trois essais sont satisfaisants, il a droit à une place parmi nous. Tenez! Ainsi, notre camarade...

— Mais celui-là, interrompait Got indigné, vous n'y pensez pas, Delaunay! Il n'est même pas mauvais!

Et chaque sociétaire donnait son avis, et le débat continuait, et l'administrateur, qui, au fond, restait décidé à ne faire que ce qu'il voulait, résumait la discussion par ce petit discours : — « Notre Comité, Messieurs, est une société artistique et commerciale rattachée à l'État, mais originairement libre. Ceci, Messieurs, est une vérité, un axiome. Aucun autre théâtre d'État ne présente ce caractère particulier. Les relations de l'administrateur, du Comité, des sociétaires, des pensionnaires ou, pour parler exactement, des artistes à gages, ne sont pas réglées par un cahier des charges et par des actes législatifs; vous êtes soumis ici à des règles spéciales, édictées et appliquées par l'autorité publique. Par-dessus ces dispositions qui nous régissent tous, plane le fameux décret. Mais à quoi, je vous le demande, tend ce décret? Précisons la question, tranchons-la une bonne fois et n'invoquons pas des règlements postérieurs additionnels. Ce décret tend à un double objet : d'une part, à enchaîner le sociétaire au théâtre pour aussi longtemps que son talent est dans sa belle période ; d'autre part, à donner au comédien des garanties solides pour le moment où ce talent fléchira, en lui assurant une position durable et digne. Nous le dédommageons ainsi des espérances de fortune qu'il aurait pu réaliser sur des scènes secondaires ! Voilà, ne l'oubliez pas, Messieurs, la double préoccupation qui inspira M. de Rémusat, lequel est le véritable auteur du décret qui nous régit ».

Le souverain avait parlé... Toutes les difficultés étaient aplanies... On passait au vote : cinq sociétaires étaient nommés et le tour joué...

*
* *

C'était alors dans la loge du concierge du théâtre que les consciencieux reporters et les impatients pensionnaires attendaient le résultat des élections. Boucher se consolait des injustices directoriales en faisant la cote sur les chances de ses camarades; très informé, il se trompait rarement : ses favoris étaient ceux du Comité.

— Suis-je sur la liste de Boucher? interrogeait, anxieuse, une candidate, quelques heures avant la bataille.

— Vous n'y êtes pas!

— Alors, je ne serai pas nommée!

La séance terminée, les sociétaires du Comité, redoutant les questions indiscrètes, s'esquivaient par des portes dérobées qui ne fonctionnaient qu'une fois par an, le jour des élections... La concierge affolée, Mme Leclerc, se précipitait chez l'huissier Picard, quêtant des nouvelles. Mais l'huissier prudent s'était enfermé dans le cabinet de l'administrateur... Que faire ? Sept heures sonnaient... Si Maubant, membre du Comité, qui devait jouer *Horace* à sept heures et demie, avait eu la bonne idée de dîner dans sa loge? Vite, on montait chez le tragédien en train d'endosser le costume antique... Innocemment le vieil Horace livrait la liste des élus : Boucher et ses favoris triomphaient sur toute la ligne.

Maubant n'est plus; Boucher a pris sa retraite... Seule, Mme Leclerc, fonctionnaire parfaite, se tient à son poste... J'ai, moi aussi, déserté cette demeure où se faisaient et se défaisaient les petits complots... Quel dommage que l'excellente femme n'ait point écrit ses Mémoires! Qui, mieux qu'elle, nous donnerait l'histoire complète et vécue de notre grand théâtre? Sa collègue, la délicieuse Ouvreuse du Cirque d'été, notre ami Willy, n'est-elle pas là pour lui indiquer comment on fait des petits chefs-d'œuvre?...

L'ANCIENNE COMÉDIE

OCTOBRE 1876 ET ROME VAINCUE

Décembre 1902.

Octobre 1876! *Rome vaincue!* Vingt-six ans. Je faisais, alors élève, ma seconde au lycée Condorcet. Mon professeur M. Quinot, un homme excellent, ancien normalien, camarade de Sarcey et d'About, était très fier d'appartenir à la grande promotion de l'École ; la section, voisine de la nôtre, était essentiellement politique : Abel Hermant, François Arago et Buffet l'avaient transformée en meeting : les luttes électorales échauffaient les jeunes cerveaux ; les uns se montraient pleins d'admiration pour le duc de

Broglie; les autres, dont j'étais, se promettaient bien de figurer tôt ou tard sur la liste des 363, le bloc d'alors...

Un jour que les sections A et B avaient été réunies par suite d'une indisposition de notre professeur d'histoire le bon M. Grégoire (il avait des somnolences), le hasard me plaça entre Arago et Buffet : je devenais centre, et quel centre ! Le cours commençait à peine que mes deux voisins se querellaient. Hélas ! le suppléant du bon M. Grégoire, respectueux des noms illustres que portaient les deux combattants, me rendit responsable du pugilat et me pria d'aller prendre l'air dans la cour. Ce que c'est que de ne pas avoir été gratifié d'un nom célèbre !

C'est le théâtre qui nous consolait des injustices de nos maîtres. Pour cinquante sous, nous assistions aux plus belles représentations classiques qu'ait jamais données la Comédie-Française. Le parterre avait alors ses vieux habitués, ses *solitaires* qui savaient par cœur toutes les distributions, et étaient au courant des moindres histoires de coulisses. Le spectacle fini, nous courions à la porte de l'administration du théâtre : il nous fallait voir de près les actrices.

Déjà nous adressions à Sophie Croizette, dans tout l'éclat de son talent et de sa beauté, des sonnets enflammés. Sarah Bernhardt, son illustre rivale, nous terrifiait. Au lycée, dans la petite cour voisine de celle où j'avais été invité à prendre l'air, on nous montrait bien un jeune enfant, chérubin aux cheveux bouclés, qui répondait au nom de Maurice Bernhardt et n'était autre que le fils de la grande artiste. Mais non! Il nous semblait que la tragédienne devait habiter une caverne et y cacher des poignards. Théophile Gautier, qui nous apprit tant de jolies choses, nous avait bien conté que Mme Dorval, la fameuse Adèle d'*Antony*, était bonne, gaie, nullement ambitieuse de l'effet, n'affichant aucune prétention, que son salon, loin d'être un tombeau, était une petite salle de musée, qu'on y causait avec des gens d'esprit, et qu'on y prenait même le thé... Il nous paraissait impossible qu'une tragédienne fût une femme comme une autre; c'était une idée fixe.

Ce fut Léonce Détroyat qui dissipa mes craintes et chassa mes dernières illusions... Les classes étaient terminées, le service militaire fait. Gustave Ollendorff, mon premier chef de bureau, m'avait aidé à caser de la copie dans des feuilles ignorées, quand l'idée me vint d'aller rendre visite à Léonce Détroyat. Je vous ai conté que Léonce Détroyat acceptait des échos, des articles, voire des pages entières, à une seule condition : c'est que la question d'appointements ne serait pas agitée. On m'avait dit vrai ; j'eus la prudence de ne point parler chiffres, et Léonce Détroyat eut la délicatesse de suivre mon exemple. Il fut convenu qu'une série d'articles serait le jour même inaugurée et consacrée aux artistes de la Comédie-Française candidats au sociétariat. Mlle Adeline Dudlay était, comme Gabrielle Tholer, candidate ; j'allai chez elle.

***

La charmante Opimia de *Rome vaincue* demeurait alors rue de Monceau, dans une maison bourgeoise, qui n'avait rien d'une caverne. Son salon possédait deux portes et même deux fenêtres. Elle me narra sa vie, qui était fort simple ; j'écoutai, stupéfait.

Après d'éclatants débuts dans *Rome vaincue*, Mlle Dudlay avait pris possession des plus grands rôles du répertoire classique : Chimène du *Cid*, Émilie de *Cinna*, Pauline de *Polyeucte*, Camille des *Horaces*, Hermione d'*Andromaque* et *Phèdre*. Sarah Bernhardt venait de quitter la Comédie ; la jeune artiste devenait donc, par suite de ce départ, chef d'emploi : elle attendait impatiemment la récompense à tant d'éclatants services : le sociétariat.

Mlle Dudlay avait alors vingt ans à peine. Elle avait fait de solides études à Bruxelles, au Conservatoire, sous la direction de Mlle Tordeus, une ancienne artiste de la Comédie. D'une intelligence rare, d'une volonté extraordinaire, elle adorait son art et son théâtre ; elle voulait le sociétariat et elle l'obtint quelques mois après : elle rêvait d'être la seule tragédienne de la Comédie, et elle fit si bien que toutes ses jeunes camarades, y compris Mme Segond-Weber qui venait de créer avec éclat *les Jacobites* à l'Odéon, échouèrent, les unes après les autres. Elle tenait la place : elle la garda, malgré Got, malgré Delaunay, malgré Coquelin. Une révolution, on s'en souvient, éclata au comité ; le triumvirat démissionna, et seul M. Coquelin maintint sa décision. Doyen et vice-doyen durent battre en retraite et s'incliner devant la tragédienne. Sarcey et Fouquier déclaraient chaque lundi que le décret de Moscou ne devait pas être violé. Je suivis mes maîtres et défendis avec une belle ardeur les décrets impériaux de la Comédie-Française. Le procès fut largement gagné et, aujourd'hui, Mlle Adeline Dudlay est sociétaire à part entière.

**

Le modeste logis de la rue de Monceau n'est plus; les gravures qui ornaient le boudoir de la débutante ont été remplacées par des tableaux de maîtres; les meubles sont revêtus de soie, les objets d'art abondent. La part entière a passé par là.

— L'histoire de Parodi? me dit l'aimable artiste. Elle est navrante... Tenez! Voilà toutes les lettres que j'ai reçues de lui et que je viens de réunir à votre attention, je vous les confie... Vous verrez! Que de misères inavouées! Songez que le pauvre poète dut demander une place à la Préfecture de la Seine! Les appointements étant modestes et l'avancement ne venant pas, il fit des confidences à son chef hiérarchique.

Savez-vous la réponse du chef hiérarchique?

— Je la devine!

— Un refus? Oh! que non! « Vous voulez, « Monsieur, être proposé pour une augmenta- « tion, reprit le fonctionnaire étonné. Mais vous « n'y songez pas, Monsieur et cher collègue! « Vous êtes entré ici par faveur... Vous oubliez « que vous n'avez pas passé l'examen d'entrée! »

« L'examen d'entrée! » Le lendemain, Parodi, résigné, me contait la scène : je lui conseillai de tenter une nouvelle démarche : il s'y refusa... Je compris... Il craignait de perdre sa place, son pain!... Et tenez! lisez ce billet :

Je ne puis vous dire combien j'ai été contrarié d'apprendre, ma bien chère amie, que j'avais manqué votre bonne visite. Moi qui ne sors presque jamais! Mais enfin, il faisait si beau vers deux heures, que je n'ai pu résister à l'envie de faire une courte promenade. Il y a longtemps que je me promets d'aller vous voir, mais j'ai toujours été retenu, un jour par le froid, un autre par les crises de mon indéracinable maladie. Vous ne m'en voulez pas, n'est-ce pas, indulgente amie? Je suis si découragé, si attristé de tout ce qui m'arrive. Jamais un rayon de soleil! Rien que des amertumes, rien que des déceptions!

Et mon interlocutrice indignée continue :

— Indulgente amie!... Jamais un rayon de soleil!... Regardez la date : 9 février 1901. Quelques mois après, Parodi s'en allait, n'ayant eu comme consolation que trois êtres qui l'aidèrent à parcourir la trop longue route... Oh oui! trop longue! Il avait vécu de sa propre vie!... Il n'appartint à aucune coterie : ce fut son malheur... Ils ont grandi, ils ont fait leur chemin, et un beau chemin, ses deux fils, et il n'aura pas eu la suprême joie d'assister à leurs succès... Vous voyez que j'avais raison! C'est la vie des poètes qui écrivent pour le théâtre! Et, cependant, les débuts avaient été pleins de promesses. Tenez!

Et Mlle Dudlay me tend une liasse de journaux. Ce sont les feuilletons de 1876 consacrés à la première représentation de *Rome vaincue*.

— Emportez-les, mais surtout, conservez-les-moi bien. J'y tiens! Je vous recommande ceux-là, les quatre premiers. Vous trouverez là un joli coin d'histoire théâtrale. Mais n'allez pas de nouveau écrire que Perrin détestait le drame en vers, et que, seule, *la Fille de Roland* fit exception à la règle! Vous oubliez donc *Jean Dacier* de Charles Lomon, et *Garin* de Paul Delair, et *Œdipe-Roi*, et *Hamlet* qu'il préparait amoureusement lorsque la maladie le surprit en plein travail... »

M⁽ˡˡᵉ⁾ Dudlay mettait une telle ardeur à défendre son administrateur que j'aurais eu mauvaise grâce à présenter la moindre objection. Mais l'*Almanach des Spectacles* de M. Albert Soubies n'est-il pas là pour attester qu'en cette année 1876, l'année de *Rome vaincue*, la Comédie-Française n'inscrivit sur son affiche qu'une seule tragédie de Corneille, — une seule, vous entendez ! — *Polyeucte*. Oui, le 6 juin 1876, la Comédie joua *Polyeucte* escorté du *Menteur*. Or, le 6 juin, c'est, si je ne m'abuse, l'anniversaire du grand poète, et la tradition exige que chaque année, Molière, Corneille et Racine soient fêtés le 15 janvier, le 6 juin et le 21 décembre. Racine, d'ailleurs, n'était pas mieux partagé cette année-là que son illustre collègue. On donnait *Athalie* quatre fois, *Esther* deux fois et *Phèdre* deux fois également.

* * *

Opimia avait raison : je n'ai pas seulement trouvé, dans ces feuilletons qu'elle a bien voulu mé confier, l'histoire de *Rome vaincue*, j'ai revécu l'histoire du drame en vers à la fin du siècle dernier. Émile Zola faisait alors le feuilleton théâtral au *Bien public*. Il luttait, et avec quelle force, pour les écrivains libres vivant tout haut, n'enfermant pas leur pensée dans le cercle étroit d'un dogme, marchant franchement vers la lumière et n'ayant souci que du juste et du vrai; il luttait pour des hommes qui ne font pas partie des claques assermentées, qui n'applaudissent pas sur un signe de leur chef, qui professent le mépris de la coterie et l'amour de la pensée libre; il luttait pour ceux qui frappent fort et sont assez puissants pour fermer la bouche aux autres; il luttait — ne l'a-t-il pas écrit en cette belle préface de *Mes Haines?* — contre les gens bêtement graves et les gens bêtement gais qui, dans la crainte de regarder en avant, regardent toujours en arrière et font les règles du passé alors qu'il vaudrait mieux rejeter toutes les règles et répéter à tout venant: « Autant de sociétés, autant d'œuvres diverses, et les sociétés se transformeront éternellement! »

Aussi, avec quelle joie le critique du *Bien public* répéta, du haut de sa tribune, au lendemain de la première représentation de *Rome vaincue* :

« Rien ne m'a intéressé comme l'attitude des derniers romantiques qui se trouvaient dans le fond de la salle de la Comédie; ils étaient furibonds, mais en très petit nombre, noyés dans la foule, ils restaient impuissants et perdus. Voilà donc où nous en sommes : la grande querelle de 1830 est bien finie, une tragédie peut encore se produire sans rencontrer dans le public un parti pris contre elle, et demain, un drame romantique serait joué qu'il bénéficierait de la même tolérance. La liberté littéraire est conquise.

« A vrai dire, je veux voir, dans le bel éclectisme du public, un jugement très sain porté sur les deux formes dramatiques. La forme classique est d'une fausseté ridicule, cela n'a plus besoin d'être démontré. Mais la formule romantique est tout aussi fausse; elle a simplement substitué une rhétorique à une rhétorique, elle a créé un jargon et des procédés plus intolérables encore. Ajoutez que les deux formules sont à peu près aussi vieillies et démodées l'une que l'autre. Alors, il est de toute justice de tenir la balance égale entre elles. Soyez classiques, soyez romantiques, vous n'en faites pas moins de l'art mort, et l'on ne vous demande que d'avoir du talent pour vous applaudir, quelle que soit votre étiquette. Les seules pièces qui réveilleraient dans une salle la passion des querelles littéraires, ce seraient les pièces conçues d'après une nouvelle et troisième formule, la formule naturaliste. C'est là ma croyance entêtée.

« M. Alexandre Parodi ne va pas être mis bien au-dessous de Ponsard et de Casimir Delavigne par les amis de nos poètes lyriques. J'ai déjà entendu nommer Luce de Lancival. On l'accuse de ne pas savoir faire le vers, ce qui est certain, si ce vers typique est ce vers admirablement ciselé et forgé de petit-fils de Victor Hugo. On lui reproche encore d'être retourné aux Romains, d'avoir dramatisé une fois de plus l'antique et barbare histoire de la Vestale enterrée vive, pour s'être oubliée dans l'amour d'un homme. Tout cela est bien grossi par l'ennui légitime que les derniers romantiques ont dû éprouver en voyant réussir une tragédie. Il est bon de remettre les choses en leur place. Comment se fait-il qu'un jeune homme de trente-quatre ans, dit-on, un écrivain qui paraît avoir une vaste ambition, puisse ainsi claquemurer son vol dans une formule devenue grotesque ? Je ne lui conseille pas, ah ! certes, non ! de tomber dans l'autre formule, la formule romantique, peut-être plus grotesque encore ; mais je fais appel à toute sa jeunesse, à toute son ambition, et je le supplie d'ouvrir les yeux à la vérité moderne. Il y a une place à prendre, une place immense : écrire la tragédie bourgeoise contemporaine, le drame réel qui se joue chaque jour sous nos yeux. Cela est autrement grand, vivant et passionnant que les guenilles de l'antiquité et du moyen âge. Pourquoi va-t-il s'essouffler, et, fatalement, se rapetisser dans un genre mort ? Pourquoi ne tente-t-il pas de renouveler notre théâtre et de devenir un chef, au lieu de patauger dans le rôle de disciple ? Il a de la volonté et une véritable largeur de vol. C'est ce qu'il faut avoir pour aborder le vrai au-dessus des écoles et du raffinement des artistes simplement ciseleurs. »

Et Zola de conclure : « Les personnes que le succès de *Rome vaincue* contrarie dans leurs opinions littéraires expliquent ce succès par l'interprétation supérieure de l'œuvre. Et il est très vrai que l'interprétation a soulevé un bel enthousiasme dans la salle. »

Tandis que l'illustre écrivain, bousculant tout sur son passage, poursuivait son but et réclamait sur la scène le vrai et rien que le vrai, ses confrères en feuilletons — il y avait alors plus de feuilletonnistes que de lendemainistes — prédisaient au jeune poète de *Rome vaincue* l'avenir le plus brillant.

J'ai là, sous les yeux, tous ces articles. Sarcey, avec sa verve robuste, rappelle qu'il a, le premier, dans une conférence mouvementée, jeté au public des matinées Ballande, le nom d'Alexandre Parodi. Il juge certaines scènes de *Rome vaincue* cornéliennes et crie au chef-d'œuvre. Banville, lui, se montre plus réservé; il s'extasie sur la création de Posthumia, mais encore plus sur l'exécution par la tragédienne. Selon lui, jamais adaptation ne fut plus parfaite. De même que, dans *l'Étrangère*, Mme Sarah Bernhardt avait fait sien et animé de sa fantaisie le personnage étrange d'Alexandre Dumas, de même, dans *Rome vaincue*, elle avait costumé avec la plus noble grandeur éclairée par la plus subtile vision poétique, cette haute figure de la vieillesse auguste et désespérée. « Sous les cheveux de neige, ajoute le poète, sous la funèbre pâleur, les traits admirablement purs de l'artiste avaient pris une splendeur surnaturelle. »

Zola! Sarcey! Banville! Me sera-t-il permis d'ajouter un quatrième nom, d'invoquer un dernier témoignage, celui de l'écrivain qui faisait alors la critique dramatique au journal *la Presse*? Comme Sarcey, comme Zola, comme Banville, le lundiste se réjouissait de la victoire d'Alexandre Parodi, mais il se demandait si le premier ouvrage du poète, *Ulm le Parricide*, n'était pas supérieur à *Rome vaincue*. Ce critique, c'est M. Jules Claretie. C'est lui qui mena à la victoire *la Reine Juana*, c'est lui qui a remis à la scène *Rome vaincue*, maintenant installée au répertoire. L'administrateur général de la Comédie-Française ne renie pas — il l'a prouvé — les idées du critique de *la Presse*, et, sans tenir compte des réclamations intéressées de certains artistes qui ont leurs préférences, il a rendu à Alexandre Parodi la place qui lui était due.

L'ANCIENNE COMÉDIE

LE CAFÉ DE LA COMÉDIE

Octobre 1902.

Il y a quelques jours, dans une de ses jolies « Promenades et Visites », notre ami Adolphe Brisson, après nous avoir livré les secrets des plus illustres joueurs d'échecs de notre temps, depuis le président Grévy jusqu'à Joliet, l'excellent artiste de la Comédie-Française, nous conduisait dans leur demeure favorite, le café de la Régence. Ce café a, en effet, son histoire et aura quelque jour sa place dans le vieux Paris. Il n'abrite pas seulement les joueurs d'échecs; il est aussi et surtout le refuge des habitués de la Comédie et des gros sociétaires. Tôt ou tard, à moins que l'Echiquier ne fasse valoir ses droits d'ancienneté, il s'appellera le Café des parts entières.

Comme Joliet, je fréquentai cette vieille maison propre, calme, classique. Les serviteurs, je n'ose dire les garçons, y sont courtois et graves; ils se rendent compte de la mission qui leur incombe; ils débutèrent là comme modestes laveurs de vaisselle; sous l'œil paternel de leurs anciens, ils passèrent par tous les grades : de pensionnaires qu'ils étaient, ils devinrent sociétaires; la tradition leur est enseignée par leur patron, un aimable homme qui ne connaît et n'admet qu'un théâtre au monde : la Comédie-Française. Son prédécesseur, qui pensait comme lui, ne me disait-il pas un jour avec une profonde mélancolie :

— C'est dommage, Monsieur! Au fond, voyez-vous, nous, nous ne sommes pas le café du théâtre!

— Et pourquoi cela?

— Nous n'avons pas la sonnette de l'entr'acte!...

Il y avait dans ce « nous ne sommes pas le café du théâtre » tant de regrets accumulés, tant de tristesses inavouées, que je transmis les doléances du pauvre homme à l'administrateur général de la Comédie-Française, Émile Perrin. J'espérais qu'il lui donnerait satisfaction... Oh que non! Perrin, de sa voix nasillarde et tremblante, me répondit sérieusement comme s'il n'avait pas compris :

— C'est l'affaire du Comité!...

Je portai, un peu penaud, la réponse au patron qui me répondit, plein d'assurance :

— Erreur! Monsieur. Je connais par cœur *notre* décret de Moscou!...

Notre décret de Moscou! Nous n'avons pas la sonnette de l'entr'acte! Les voilà les vraies consolations de notre vie de théâtre! Notre cher Alphonse Allais, prononçant ces irrévérencieuses mais mémorables paroles : « Tous les jours que Dieu fait, et il en fait, le bougre! » n'a pas mieux dit...

Tout est arrangé aujourd'hui. La Comédie reconstruite n'a plus son café du théâtre et la Régence triomphe!...

*
* *

Ne calomnions d'ailleurs pas ces cafés de

comédiens! Je parle ici du premier de tous, véritable monument historique, digne de figurer dans les guides de notre capitale. Mais est-ce que les plus petits cafés de théâtre n'ont pas leur légende? Est-il un théâtre, un concert, un beuglant qui n'ait pas sa sonnette de l'entr'acte, c'est-à-dire son café? Oh! ces antres de province, antres de misère et de désespoir, où, à travers les haillons des Crispins à la réforme et des Dugazons en retraite, reparaissent le drame et ses douleurs, la comédie et ses rires. N'est-ce pas que ces halles étroites, malsaines, noires, enfumées, qui ne « travaillent » qu'après la répétition et le soir pendant les entr'actes, ont une grâce ineffaçable? Cherchez, dit le poète, dans ce silence, dans cette pauvreté, dans cet abandon, dans cet hôpital de comédiens qui invoquent le pain et l'habit, vous respirerez l'odeur des cuisines fermées et des bouteilles brisées; vous retrouverez le bruit des gaîtés envolées, le vestige de l'œuvre des maîtres, et je ne sais quel parfum d'atticisme qui vous fait deviner que Molière, Racine et Corneille, quelquefois même Mozart et Rossini, ont dû passer par ces ruines!

Hélas! ces rendez-vous du talent vagabond et de la vieillesse errante disparaissent, et c'est Guy, le charmant artiste des Variétés, qui aura eu l'an dernier, dans un joli couplet de revue, l'honneur de célébrer la mort du café de Suède. A ces tavernes vieilles et incommodes, mais dont la vétusté même était la parure, succèdent les brasseries spacieuses, confortables, modernes, d'où le charme s'envole. Le téléphone a tout pris, tout envahi, nous enlevant jusqu'à ces lettres de comédiennes dont raffolaient nos pères.

— A quoi bon écrire maintenant? me disait un jour notre pauvre Madeleine Brohan. Elles ont toutes le téléphone!

— Les lettres d'amour restent...

— Oh! ce n'est même plus ça! soupira notre pauvre présidente des Chevreuillets! Nous savions écrire : « Je t'aime!... » Maintenant...

— Maintenant?

— Maintenant, voulez-vous que je vous dise? Mes jeunes camarades ont peur! Elles se lèvent à cinq heures du matin pour aller jeter à la poste leurs lettres d'amour!

Il y avait bien un peu de vrai dans cette mélancolique boutade. La comédienne n'écrit plus :

le papier à lettre est inutile et la devise n'est plus de mode. Allô ! allô !

Notre café des parts entières a-t-il le téléphone ? Joliet, représentant en chef de l'Echiquier, autorise-t-il l'emploi de ce fâcheux instrument ? Je n'oserais l'affirmer. Il faudra qu'Adolphe Brisson nous renseigne à ce sujet. Mais j'entends déjà le charmant écrivain de *Florise Bonheur.* « Plus d'échiquier, plus de Régence, plus de *Paul et Virginie !* » Les réclamations pleuvent et l'assaillent... Sans penser à mal, très joliment et en des termes fort mesurés, sur la foi du patron de la Régence, il avait conté que Prudhon, un des fidèles du lieu, s'étant cru atteint par un article désobligeant, envoya naguère ses témoins à Sarcey. Légende, paraît-il, fausse légende !

* *

C'est à la Régence, précisément, qu'il y a une vingtaine d'années — vingt-trois même — je fis la connaissance de Prudhon. Nous étions là alors, Louis de Gramont, Georges Chalamet, Le Bargy lui-même et quelques autres encore, installés dans la petite classe, la classe préparatoire, celle du grand domino à quatre et à sept dés, le domino de part entière! Les joueurs d'échecs, après une bataille qui durait plusieurs heures, daignaient parfois passer par notre classe et nous gratifier d'un conseil. C'était pour nous le suprême honneur. Mais il y avait un écueil... Respectueuse des saines traditions, la vieille Régence fermait ses portes quelques minutes après le théâtre... A minuit vingt, très exactement, les garçons amoncelaient les chaises : c'était le chant du départ! Comme tous, journalistes et comédiens, nous n'étions libres qu'après le spectacle, nous dûmes nous transporter dans la brasserie voisine, l'odieuse rivale! Le préfet de police, après bien des démarches, nous autorisa à ne fermer les portes de notre — je dis notre — taverne qu'à trois heures du matin! Ce fut une date historique, et le lendemain de la publication de l'arrêté préfectoral, tous les établissements suivaient l'exemple. Nous avions, sans y prendre garde, fait la fortune des cafés et des brasseries!...

Nos assises du domino étaient alors célèbres. Aux camarades précités se joignait notre grand et cher ami Falguière, joueur intrépide aussi rageur qu'enragé, qui jetait ses dés sur ou sous la table lorsque son partenaire, M. Adrien Hébrard, avait négligemment « donné le dé de fermeture ». Le dé de fermeture ! Savent-ils seulement, les joueurs d'échecs, tout ce que ces quatre mots renferment !... Et Jeanne Samary, sortant du théâtre, venait se mêler à la lutte, contemplant, effarée, Falguière qui murmurait en grognant :

— Je boude !

Ces matches sont finis... Nous avons quitté notre petite brasserie... Jeanne Samary, Céline Montaland, Jeanne Ludwig, Falguière, tous partis les uns après les autres !... Mais le domino n'en a pas moins créé une très particulière amitié entre les rares survivants.

— Et celui-ci ? Et celui-là ? Et cet autre ? demandais-je hier à un partenaire d'autrefois...

— En retrouverions-nous un seulement ce soir pour faire le quatrième !

Et l'on s'en va et l'on passe !...

Prudhon était un des plus forts d'entre nous, mais quoi qu'en dise le patron de la Régence, il ne se montra jamais d'humeur batailleuse... Nous avons tous deux poursuivi la longue route sans trop de secousse. Lorsque je le vis pour la première fois, il y a vingt-trois ans, en compagnie de Georges Chalamet qui devait devenir un de mes amis les meilleurs, il était pensionnaire de la Comédie ; il y avait débuté à sa sortie du Conservatoire, dans Bonaparte du *Lion amoureux*. Je faisais, moi, mes premières armes aux Beaux-Arts, dans le bureau de Gustave Ollendorff, encore un disparu du domino! Je consacrais mes loisirs à mes silhouettes de théâtres, et, en conteur averti, je citais tous les rôles de Prudhon ; je fus stupéfait : la liste en était interminable ; il était de toutes les pièces modernes et classiques et venait de remporter, après Got, dans Bellac, le plus grand succès de sa carrière. L'année suivante, il était sociétaire. On sait le reste... Il est aujourd'hui Inspecteur général des services de la Comédie et s'acquitte de ses nouvelles fonctions avec un zèle et un dévouement au-dessus de tout éloge. Quant à moi, je ne sais pas de camarade plus sûr, plus prêt à rendre service... Et puisque la légende du duel Sarcey-Prudhon est à jamais détruite, je puis bien rapporter aujourd'hui une scène dont je fus le seul témoin.

C'était encore à la Régence... Nous attendions, l'Oncle et moi, la fameuse sonnette de l'entr'acte, lorsque, très respectueusement, mais avec une ardeur que je ne lui soupçonnais pas, Prudhon s'approcha de Sarcey et lui dit :

— Vous savez que vous êtes injuste ! Vous ne voulez pas reconnaître le talent de Leloir ! Il n'est pas de feuilleton où vous ne le découragiez ! Vous êtes féroce !

— Nous verrons bien ! reprit tranquillement Sarcey, qui ne demandait qu'à se laisser convaincre.

Et Sarcey fut convaincu, reconnut son erreur et déclara que le débutant était une des plus belles espérances de la Comédie.

Et voilà comment, grâce à son camarade Prudhon, le jeune Leloir rentra en grâce auprès de l'Oncle et devint son grand favori...

LE POMPIER

D'ALEXANDRE DUMAS

Octobre 1902.

Il y a trois mois, lorsque j'eus le très grand honneur de célébrer, à Dieppe, l'illustre auteur des *Mousquetaires*, je rappelai l'histoire du pompier d'*Antony*. Ce fut notre regretté ami Charles Chincholle qui, en fidèle secrétaire de Dumas, me donna ce conseil. L'histoire du pompier? J'étais bien un peu inquiet et me méfiais. Toute la famille Dumas devait assister au dîner; l'anecdote, signalée par Chincholle, n'était peut-être pas faite pour être contée en public... Mes craintes étaient vaines. La scène fit un effet énorme. Je dois à Chincholle et au pompier de Dumas mon plus grand succès oratoire... Encouragé par cet accueil, je reprends aujourd'hui la scène.

Dumas, — Dumas tout court, disait Chincholle reconnaissant — avait eu, avec les artistes de la Comédie-Française, de retentissants démêlés. Les sociétaires du Comité avaient reçu à regret *Antony*, espérant bien au fond que la censure arriverait à temps pour interdire l'ouvrage. Les premiers actes n'en furent pas moins inscrits au tableau des répétitions. Ce fut, dans les coulisses, une hilarité générale : tous, hommes et femmes, sociétaires et pensionnaires, se livraient à de faciles et irrévérencieuses plaisanteries — tous excepté deux braves hommes que le bon Dumas prit en affection. Le premier se nommait Marquet : il avait d'abord été suisse, mais la Révolution s'étant débarrassée de ces honorables fonctionnaires, Marquet était devenu le garçon d'accessoires de la Comédie-Française. Il n'avait plus sa hallebarde, mais il n'en était pas plus fier, et c'est par lui que Dumas se renseignait sur les ténébreux desseins des sociétaires. Le second, c'était le pompier d'*Antony*. Ce pompier avait, par autorisation spéciale de son chef, assisté à toutes les répétitions et à toutes les représentations de l'ouvrage. Tandis que la tête de Marquet apparaissait au fond de la scène, le casque du pompier passait par le manteau d'Arlequin. Et Dumas de répéter triomphalement :

« Jeunes auteurs, qui vous livrez au théâtre, n'oubliez pas les quelques lignes qui vont suivre et qui ont rapport à ce casque de pompier. Le casque du pompier, voyez-vous, c'est le symbole du succès de larmes. Le casque du pompier, c'est l'équivalent du capucin-baromètre. Si le temps doit être beau, le capucin sort et se montre... Si le temps doit être nébuleux, le capucin reste chez lui. Le pompier qui émerge de la coulisse, comprenez-vous? c'est l'intérêt populaire. Si vous intéressez le pompier au point qu'oubliant son devoir il sorte de la coulisse et en arrive à se mêler aux comparses, votre affaire est claire : vous avez un succès. Plus il sort, plus le succès sera grand. Voilà pourquoi je vous disais que le casque du pompier, c'est le symbole du succès de larmes. Dans toutes les situations dramatiques d'*Antony*, je voyais la tête de Marquet qui entre-bâillait la porte du fond et le casque du pompier qui sortait de la coulisse. »

***

Nous avons retrouvé l'autre soir, aux Bouffes-du-Nord, le digne descendant du pompier d'*Antony*. M. Gustave Larroumet allait entrer en scène, la sonnette de l'entr'acte rappelait les spectateurs à leurs places, lorsqu'un jeune homme portant le casque traditionnel et gratifié des galons de caporal s'approcha de moi :

— C'est bien Monsieur Larroumet, celui qui a succédé à M. Sarcey?

— Lui-même.

— Si je vous disais, Monsieur, qu'autrefois j'ai demandé à mon capitaine d'être chargé du service des matinées de l'Odéon, lorsque M. Sarcey et M. Larroumet faisaient leurs conférences. Ce sont eux qui m'apprirent à comprendre et à aimer nos grands auteurs!

Ces observations m'étaient présentées avec tant de conviction que je contai au brave garçon notre plan de théâtre populaire. Peine perdue! Lecteur assidu des feuilletons dramatiques de M. Larroumet, notre pompier savait nos projets; il avait assisté, en mai, aux galas populaires des

Gobelins, de Montparnasse, de Grenelle. Nous avions donc, nous aussi, notre pompier d'*Antony*!...

— Une observation, cependant, Monsieur. M'autorisez-vous à vous la présenter? Vous remarquez avec quelle attention respectueuse tous nos publics de quartier écoutent le *Misanthrope* et les *Femmes savantes*? J'observe bien allez! dans ma petite loge de pompier... Ils ont tous tellement peur de laisser échapper un vers, un mot, qu'ils attendent la fin de la tirade ou de la scène pour applaudir. Eh bien, croyez-moi! Ne craignez pas de leur offrir du Racine ou du Corneille! Vous verrez l'effet que produiront *le Cid*, *Andromaque*, *Horace*, *Britannicus*! Ce sont des drames, ça, et des drames qui font couler de bonnes larmes! Je vous réponds du succès!

— Soyez heureux! Mercredi, vous aurez *Andromaque* à Ba-Ta-Clan.

M. Mounet-Sully, spontanément, avait bien voulu se mettre à la disposition de notre Comité, donnant ainsi le meilleur des exemples. Mais je puis bien l'avouer aujourd'hui: c'est notre pompier des Bouffes-du-Nord qui a décidé du choix d'*Andromaque*. Dumas avait raison : le pompier, c'est l'intérêt populaire.

La vérité — et cette fois c'est Dumas, et Dumas le fils que j'invoque — est que le théâtre n'est pas seulement un lieu de récréation et d'émotion, où le poète traduit et représente les passions, les vices, les ridicules, les caractères des hommes, sans ambitionner d'autre gloire que celle de faire une peinture vraie, d'autre récompense que le rire ou les larmes du spectateur...

Le théâtre a un autre but que cet amusement et cette émotion, une autre valeur que cette représentation plus ou moins mouvementée, plus ou moins dramatique de ces passions ou de ces ridicules, de ces vices ou de ces caractères; il n'est pas seulement propre à amuser les oisifs, à faire pleurnicher les femmes et à charmer quelques délicats : il a d'autres visées et une autre puissance! Oui, Dumas l'a dit, et notre pompier des Bouffes-du-Nord a repris la même cause : Shakespeare ne serait pas ce qu'il est s'il n'avait écrit que *Roméo et Juliette*! En écrivant *Hamlet*, il a posé et discuté en pleine scène devant le public, le grand et l'éternel problème de l'immortalité de l'âme. Quand Corneille a donné *Polyeucte*, quand Racine a donné *Andromaque*, cette *Andromaque* de Ba-Ta-Clan, ont-ils été de simples hommes de « théâtre »? Et Molière, quand il écrivit ce *Tartufe* que nous présenterons quelque soir à ces publics de quartier, n'a-t-il eu d'autre but que de fustiger l'imposteur? Nous savons bien — toujours avec le pompier des Bouffes-du-Nord! — que Molière s'est fait ici justicier et vengeur et qu'il a tiré par-dessus son temps...

Gardons notre pompier des Bouffes-du-Nord. Tant que nous l'aurons avec nous, le public nous suivra...

TRENTE ANS DE CONCERT

Septembre 1902.

Il y a quelques jours, je recevais la visite de Mᵐᵉ Anna Thibaud.

— Vous rappeliez l'autre jour, me disait l'aimable diva du café-concert, que vous avez visé la première chanson de ma camarade Méaly. Elle s'essayait dans l'emploi des gommeuses, tandis que la charmante Valti, affublée d'un chapeau mirobolant et d'un strapontin gigantesque, renouvelait le genre.

— Je me souviens aussi, repris-je, qu'une gentille diseuse débutait alors aux côtés des célèbres gommeuses. Comme Anna Judic, elle possédait l'art de soupirer, de sourire, de murmurer et de sous-entendre; on ne pouvait mieux comprendre la polissonnerie décente. Cette diseuse, c'était vous.

— Peut-être bien ! Mais il en était alors une autre, Florence Duparc, la véritable émule d'Anna Judic, celle-là ! Souvenez-vous de *la Nounou* et du *P'tit qui demande que'que chose* ! Souvenez-vous du *Panache du tambour-major* ? Souvenez-vous des *Ecrevisses aux Ambassadeurs* ! Souvenez-vous surtout de *Monsieur et Madame Denis* ! Toutes ces chansons ne devenaient-elles pas, dites par elle, des petits poèmes de chatouillerie malicieuse?

— Je m'en souviens !...

— Elle aussi était une étoile ! Elle gagna cent, puis deux cents, puis troiscents francs par soirée, et, sur ses économies elle achetait une maison au bord de la Marne ! Elle aimait la pêche à la ligne, car tous les artistes de café-concert adoraient alors la pêche à la ligne ! Et cela n'était-il pas consolant de revoir sur les bords de la Seine, de l'Oise ou de la Marne (ils aimaient particulièrement la Marne), tous ces soupirants de romances et ces diseurs de chansons à boire? Ils étaient là, philosophes et flegmatiques, ceux-ci dans l'eau à mi-jambes, ceux-là debout à la pointe d'une barque, d'autres perchés sur la rampe d'un quai, tous suivant de l'œil, avec une attention extrême, les ondulations de la perfide vague! Chacun était accompagné de sa petite amie, et invariablement la petite amie chantait au concert; elle aussi charmait des centaines de spectateurs amoureux des lilas et des cerises — la romance — et respectueux des conseils patriotiques.

— Et n'est-ce pas, continua la divette, que tout notre petit monde n'est point haïssable? Cela vous amusait de retrouver, occupés à pêcher à la ligne, tous ces couples que vous aviez entendus la veille et qui, parfois, payaient une amende pour avoir chanté un couplet que vous leur aviez sévèrement interdit! Si vous saviez ce que les romances, les chansons à boire et les « conseils patriotiques » coûtent de peine à ceux qui les disent et à ceux qui les font? Vous l'avez dit, vous l'avez écrit, vous avez pris notre défense; nous n'avons personne, nous, pour nous donner la réplique! Nous sommes maîtres de nos chansons; nous en sommes responsables. Vous avez vu à l'œuvre Jules Jouy, Aristide Bruant, Xanrof, Mac Nab: c'étaient les maîtres de la chanson, ceux-là, les vrais poètes. Mais pensez-vous que les scies qui deviennent populaires et ne sont susceptibles de plaire qu'aux seuls Parisiens soient aussi bêtes qu'on le dit? N'y a-t-il pas très souvent, chez leurs rimeurs si méprisés, une connaissance exacte du comique? Est-ce que les gigolettes de Jouy et de Bruant ne se distinguent pas par un grain de poésie? Ayez donc pitié de nos trente ans de concert! Il en est et beaucoup, parmi nos artistes, nos auteurs, nos musiciens d'orchestre, nos machinistes que la guigne poursuit! Est-ce que le concert, ce n'est pas du théâtre? Si je vous citais certains noms, vous ne me croiriez pas! Ils n'ont plus le temps de pêcher à la ligne, allez ceux-là! Quant à elle, l'émule de Judic, la grande camarade de Victorine Demay et de Paulus, elle, la propriétaire d'autrefois, elle n'a plus rien! Elle ne veut pas le dire... Elle n'ose pas... Dites-le, vous! Aidez-nous un peu!

Et avec une indicible tristesse, Anna Thibaud me montre un carnet contenant les coupons de la représentation qu'elle prépare à l'Eldorado pour les premiers jours du mois prochain au bénéfice de Florence Duparc.

16.

***

Une représentation à bénéfice ! C'est donc vrai ! Eh oui ! pendant les sept années que j'ai appartenu à la censure, j'eus l'occasion de voir de près tout ce petit monde, supérieur à la réputation qu'il a. Yvette Guilbert, Juliette Méaly, Anna Thibaud, Valentine Valti, Paula Brébion et la pauvre Marguerite Duclerc, qui vient de mourir dans la misère il y a quelques semaines, étaient toutes des débutantes au café-concert. Nous fûmes, mon collègue et ami Georges Gauné et moi, leurs premiers parrains ; nous donnâmes le fameux visa à ces chansons qui devaient faire le tour du monde.

... Je vois encore Yvette Guibert inconnue, pleine de talent cependant, n'arrivant pas à se faire connaître ; elle appartenait à l'Eden du boulevard Sébastopol dirigé par Mme Castellano. Le secrétaire de l'établissement, Maxime Guy, qui, lui aussi, s'éteignit si misérablement, avait décidé sa directrice à organiser des vendredis de chansons classiques ; Sarcey se fit l'apôtre de l'Eden-Concert et ces soirées furent triomphales.

C'est en ce même Eden que, sur le coup de huit heures cinq, c'est-à-dire au commencement de la soirée, la fameuse pancarte indicatrice nous annonçait le numéro 3. Et le numéro 3 était représenté par un bon gros garçon à la face réjouie, répondant au nom de Polin. J'assistais, en qualité d'inspecteur des théâtres, aux répétitions de censure qui avaient lieu à huis clos, et je fus le premier — je m'en vante ! — à signaler à la directrice de l'Eden-Concert la nature charmante et le talent naissant du célèbre tourlourou...

La grande camarade d'Anna Thibaud, l'émule de Judic, Florence Duparc, suivit le courant et renouvela son répertoire. Elle redoutait la Lisette de Béranger ; elle avait entendu Déjazet et la comparaison lui faisait peur ; le café-concert, dont elle était la pensionnaire, préparait une revue ; timidement, elle pria les auteurs de lui confier le soin de dire, à l'acte des théâtres, la chanson célèbre : *Monsieur et Madame Denis*. J'ai, tout à l'heure, cité les noms de Judic, de Victorine Demay : j'évoquerai ici celui de Thérésa. Ce soir-là, ce fut de l'art, et du meilleur. Jamais la créatrice de *la Petite Nounou* et des *Ecrevisses* n'obtint un tel succès. On bissa, on trissa ses couplets, et, à partir de ce jour, *Monsieur et Madame Denis* figura dans toutes les revues de théâtre et de concert. C'était Duparc qui avait remis à la mode la chanson oubliée de Désaugiers. Il y avait là plus et mieux qu'un triomphe éphémère; cette résurrection de *Monsieur et Madame Denis* fit époque dans l'histoire du concert et du théâtre. Les vieilles chansons de Mlle Auguez et de M. Cooper, les chansons d'aïeules de Mme Amel, pour ne citer que celles-là, sont alors venues... C'est que Florence Duparc ne se contentait pas de détailler une chanson de façon exquise, en diseuse qui sait son métier, connaît son public, prépare et calcule ses effets! elle avait fait revivre tout un temps, toute une époque. On nous contait bien ce qu'étaient l'*Ancien Caveau* et les *Dîners du Vaudeville*; nous savions que si Désaugiers devint le patron à perpétuité de tous ces dîners chantants, c'est qu'il avait la veine plus grasse qu'aucun de ses devanciers et de ses contemporains. Mais ce qui nous plaisait par-dessus tout, dans ce *Monsieur et Madame Denis* si délicieusement soupiré, c'était la sensibilité particulière du poète. Il y avait dans cette histoire des deux bons vieux une tristesse inexprimable que voilaient l'expression et le sourire; nous découvrîmes ce soir-là le charme de ce conte gaulois qui semblait nous être venu du temps de la mère-grand et que l'auteur de *Philémon et Baucis,* le bon La Fontaine, n'aurait sans doute pas désavoué! Il faudra bien qu'un jour notre ami Fernand Samuel restitue dans sa forme primitive, avec ce souci d'art qu'il apporte aux pièces anciennes aussi bien qu'aux nouvelles, le vaudeville de *Monsieur et Madame Denis* « tableau conjugal » en un acte, tel qu'il a été joué pour la première fois, au théâtre des Variétés, en 1808... Et qui sait si demain, quand il connaîtra l'infortune de l'inoubliable interprète de la chanson de *Monsieur et Madame Denis,* il ne la priera pas de reprendre le principal rôle du « tableau conjugal » oublié?

.*.

Hélas! Ce que notre monde du théâtre cache de misères discrètes, ignorées, inavouées, nul ne le saura jamais! Je vois, depuis que notre Œuvre française des Trente Ans de théâtre existe, bien des infortunes; j'ai reçu les confidences de ces pauvres gens qui trop souvent ne savent pas, le matin, où ils coucheront le soir. Mais je crois bien qu'il n'est pas de plus triste, de plus lamentable, de plus intéressant malheur que celui que nous a signalé Anna Thibaud. Ainsi, voilà Mme Duparc qui, pendant de longues années, fut une étoile et une grande étoile de café-concert, qui se montra sans rivale dans son genre, qui fut l'interprète parfaite de nombre de chansonniers, qui assura la fortune de beaucoup d'entre eux, qui sans se préoccuper de la mode, tout simplement chanta des chansons, et cette femme, qui ne devait sa fortune qu'à elle-même, se trouve aujourd'hui sans ressources!...

Et je remercie, quant à moi, sa camarade Anna Thibaud de nous avoir dit ce qui est. Il semble impossible qu'une artiste à laquelle ce grand public du concert, si simple, si naïf, si bon et si fidèle, doit tant de joies, ne se souvienne pas! Il semble impossible que ses camarades du concert et du théâtre (elle appartint au théâtre) n'assurent pas l'existence d'une femme qui a été — je le dis au risque de faire sourire les sceptiques, mais sans crainte d'être démenti par eux — l'honneur de sa profession ! Il semble impossible que tous, auteurs, directeurs, artistes, écrivains, ne lui viennent pas en aide ! Ce n'est pas une représentation de retraite que nous réclamons, c'est une pension viagère qui la mettra à l'abri de la misère. Cela est nécessaire, cela est indispensable; cela est dû à Florence Duparc.

LES DÉBUTS

DE MADAME ROSE CARON

Novembre 1902.

Critiques, soiristes et courriéristes de Paris, de la province et de l'étranger, tous saluèrent avec joie la nomination de Mme Rose Caron comme professeur au Conservatoire ; l'école de chant elle-même, parfois si injustement malmenée, eut sa part dans ces éloges. Toutefois, je m'étonne qu'il ne se soit pas trouvé un historiographe pour rappeler que c'est à la Comédie-Française, et non à la Monnaie de Bruxelles, que l'admirable artiste fit ses premiers débuts.

C'était il y a exactement vingt ans. La lutte s'engageait terrible entre Sarcey et Perrin ; l'administrateur général avait, dans *l'Ami Fritz*, appliqué pour la première fois ses théories de metteur en scène. Les repas pantagruéliques du premier acte, le délicieux tableau de la cruche au second, la scène du cerisier si finement détaillée par Mlle Reichenberg et M. Frédéric Febvre, la jolie musique de M. Henri Maréchal qui cadrait avec le ton général de l'ouvrage et le caractère des personnages, tout cela était d'un effet simple et vraiment exquis. L'éclatant succès de la pièce avait décidé Perrin à tenter, avec *les Rantzau*, une nouvelle épreuve. Sarcey répétait bien, chaque dimanche, qu'au théâtre tout doit être arrangé pour l'illusion des yeux et faire office de vérité sans être jamais vrai ; mais Perrin, doué d'un entêtement superbe, n'en poursuivait pas moins sa petite révolution théâtrale, s'ingéniant à nous rendre la vieille Alsace dans une série de tableaux d'une délicatesse rare.

Les Rantzau furent alors mis en répétitions, malgré Sarcey et, disons-le, malgré les sociétaires du Comité qui jugeaient que *l'Ami Fritz*, définitivement installé au répertoire, suffisait à la gloire du théâtre. Perrin s'était piqué au jeu et avait distribué la pièce à MM. Got, Coquelin, Worms, Maubant, Baillet, Mmes Bartet et Pauline Granger. Tous les rôles étaient bien venus, tous les artistes se trouvaient satisfaits.

Les premières répétitions marchèrent sans encombre et l'administrateur général, suivant son idée, combinait de nouveaux effets de lumière et passait tout son temps avec les électriciens, les décorateurs et les costumiers. Le premier acte était débrouillé, déchiffré, su : l'effet en était certain... Mais au milieu du second acte, M. Henri Maréchal, devenu, après son succès de *l'Ami Fritz*, le musicien attitré du théâtre, avait intercalé un quatuor. Grave écueil ! M. Got chantait déplorablement faux, et comme il était presque aussi têtu que son administrateur, il ne voulait pas confesser qu'il détonnait. La brave Pauline Granger venait d'être nommée sociétaire à quart de part; elle attendait un nouveau douzième et elle n'eût, pour rien au monde, froissé son respectable doyen. Quant à M. Coquelin, qui chantait et chante encore aujourd'hui, on sait avec quel art, le « Ho! ho! je n'y prenais pas garde » des *Précieuses ridicules*, il était certes supérieur à son illustre camarade, mais il ne se montrait lui-même qu'à demi rassuré. La quatrième partie du quatuor avait été confiée à une jeune artiste qui appartenait au Conservatoire : elle avait été choisie par son professeur, M. Masset, pour donner la réplique aux redoutables sociétaires.

Cette jeune fille, grande, longue, maigre, gauche, se nommait Rose Caron.

.·.

On répéta dix, quinze, vingt fois le fameux quatuor; rien n'y fit : la cacophonie était extrême. Perrin ne paraissait toujours pas aux répétitions; Mme Granger n'osait plus articuler un son; Got, furieux, exaspéré, battait la mesure, et Henri Maréchal, fou de joie, applaudissait consciencieusement toutes les fausses notes et s'extasiait sur la puissance de la voix de Got. Ce fut M. Coquelin qui, avec sa belle franchise, déclara que, seule, l'élève du Conservatoire pourrait ramener les voix égarées et remettre tout en ordre.

— Vous ne l'avez donc pas entendue dans la Sérénade de *Ruy Blas*, qu'elle chante dans la coulisse? reprenait Coquelin. Vous ne savez donc pas que cette chanteuse sera un jour une grande, une très grande artiste? Tenez! vous n'y connaissez rien, ni les uns ni les autres!

La jeune fille, rougissante, tremblante de joie, ne savait que répondre. C'était la première fois qu'on plaidait sa cause. Au Conservatoire, ses professeurs la décourageaient, ses camarades la plaisantaient. Seul, le secrétaire général, M. Emile Réty, lui prédisait quelque avenir. Ainsi donc, elle avait deux protecteurs! Ainsi donc, M. Coquelin, qu'elle venait applaudir toutes les fois qu'elle avait le moyen de prendre l'omnibus, M. Coquelin voulait bien croire en elle!

Hélas! les prévisions du sociétaire et du secrétaire général du Conservatoire ne se réalisaient toujours pas. Elle n'obtint pas le prix si ardemment souhaité et ne gagna qu'un accessit, le dernier de tous. Que faire? Où trouver un engagement? Elle allait renoncer au théâtre — le rêve de toute sa vie — lorsqu'elle se rappela qu'un musicien du jury avait réclamé pour elle le premier prix. Ce musicien allait donner à Bruxelles *Hérodiade* : elle lui rendit visite, et son protecteur — le troisième — la fit entendre par les directeurs de la Monnaie. Hélas!

MM. Stoumon et Calabresi partagèrent l'avis général : ils jugèrent la débutante terne et pauvre.

— Salomé d'*Hérodiade?* Mais vous n'y pensez pas, mon cher auteur! s'écrièrent les directeurs. Salomé!... Elle chantera Alice de *Robert!*

Elle chanta Alice de *Robert*, Marguerite de *Faust*, Salomé d'*Hérodiade*, et le succès n'arrivait toujours pas, lorsqu'un soir — un beau soir que celui-là — M. Reyer, se promenant sur la scène de la Monnaie, entendit une phrase, une simple phrase de *Faust*.

— Quelle est cette Marguerite? demanda l'auteur de *Sigurd* à M. Calabresi. Jamais le rôle n'a été chanté avec plus d'art. C'est la perfection même! Voilà, je vous le déclare, la femme qui me chantera *Sigurd!*

*
* *

On sait la suite. La soirée de *Sigurd* fut un triomphe pour la musique française. En même temps qu'on offrait à l'auteur de *la Statue* la plus éclatante et la plus légitime des revanches, on découvrait une des plus grandes artistes lyriques qui aient jamais paru sur la scène :

c'était une tragédienne, une chanteuse, une mime qu'on acclamait. Sa voix grave, profonde et vibrante allait bien avec ce jeu contenu et d'une tranquillité souveraine ; ses poses, ses attitudes et ses gestes s'arrangeaient d'une façon sculpturale et — n'est-ce point le mot de Gautier sur Rachel ? — se décomposaient en une suite de bas-reliefs. Sur le corps élégant, souple et long, les draperies se plissaient : aucun mouvement ne troublait l'harmonie et le rythme de la démarche. Par son génie même, l'interprète du chef-d'œuvre de M. Reyer donnait le rêve d'un art aussi grand que celui qu'elle jouait. D'un geste, elle nous ramenait aux temps fabuleux et mythologiques : elle faisait revivre l'idéal antique.

Et, demain, l'élève des *Rantzau* rentrera, triomphante, au Conservatoire. C'est au Conservatoire qu'il y a trois mois à peine, elle faisait part à un de ses plus fidèles amis de son nouveau rêve... Elle ne le croyait pas réalisable : elle prévoyait mille obstacles, elle doutait de tous et surtout d'elle-même. Et tout à l'heure, elle prendra place autour de la table officielle, elle écoutera des centaines de jeunes gens qui depuis des mois travaillent une scène dont va dépendre tout leur avenir; elle songera aux sages leçons des maîtres disparus; elle reverra ces terribles examens de bourses et ces maudits concours de juillet; elle revivra toutes ces années de déceptions et d'espérances. Et quand, au milieu des chaises et des tapis verts qui seront restés ceux d'autrefois, elle fera le compte des bonnes et des mauvaises heures, elle pourra contempler avec fierté la route parcourue. Je n'en sais pas, pour ma part, de plus noble, de plus unie, de plus belle...

LE THÉATRE DE M. GUITRY

Novembre 1902.

Vous voilà directeur de théâtre : le rêve que vous caressez depuis tant d'années est réalisé ; vos camarades vous appellent « Monsieur le Directeur » et vous rendent les honneurs qui sont dus au grand impresario, car vous serez grand impresario. La Veine, cette Veine dont vous nous contiez si joliment les effets et les causes, ne vous suit-elle pas toujours et partout? Vous souhaitiez d'avoir une salle nouvelle, votre salle à vous... Vous vous souveniez des succès du Vaudeville et des Nouveautés et vous pensiez que, du moment qu'il y avait du bonheur pour deux, il y en aurait bien pour trois. Et puis, cela vous eût amusé de jouer à l'architecte et de diriger les répétitions des ouvriers maçons. En dilettante que vous êtes, vous cherchiez là une impression nouvelle et déjà, mettant à profit ce que vous avez vu à l'étranger, vous traciez vos plans et nous présentiez votre petit théâtre modèle. J'ai même idée que, sans rien en dire, un jour que vous vous promeniez à Vienne, vous avez pris le train pour le fameux village de Berndorf et y avez découvert le théâtre de vos rêves. D'aucuns vous ont alors fait doucement observer qu'une salle de spectacle n'est pas concédée à celui-ci ou à celui-là. Vous n'aviez pas songé à votre successeur — on a toujours un successeur! — et vous ne vous êtes pas dit qu'après deux ou trois années d'exploitation heureuse, — la Veine! — votre successeur aurait le droit de préférer les machines à grand spectacle aux comédies à quelques personnages que vous nous promettiez. Que serait-il alors advenu de votre petite scène modèle? Là était le premier obstacle : mais il en était un autre que vous n'aviez pas prévu : le retard de l'architecte! Connaissez-vous les angoisses de l'homme qui fait bâtir? Nos architectes, et surtout ceux de théâtres, ne passent pas pour être très exacts... Il n'y a encore rien de tel qu'une scène qui est bâtie, qui existe, et qui ne demande qu'à prospérer.

Y a-t-il, d'ailleurs, de bons et de mauvais théâtres? Vous ne le croyez pas! Pour un peu, vous affirmeriez qu'il n'y a pas de bons et de mauvais directeurs, et que la Veine, ici encore, vaut mieux que l'intelligence. Selon vous, un directeur doit faire l'office d'un bon maître de maison et préparer à ses invités une attirante réception : la mise en scène n'est pas seulement sur la scène, elle est aussi dans la salle. Déjà, lorsque durant quelques semaines vous dirigiez la Porte-Saint-Martin, vous vous êtes déclaré l'ennemi des fâcheuses routines de théâtre. Vous ne professez pas, que je sache, un amour extrême pour ce chef des applaudissements qui, escorté de quelques satellites de choix, se tient aux dernières répétitions, immobile et contemplatif au milieu du parterre, consignant à l'avance les entrées sensationnelles, les passages à effets, les mots à souligner, les sorties à faire et semble être le précurseur de la Postérité. Vous savez aussi que cet homme, qui est dans le théâtre le chef de claque, devient le marchand de billets au dehors, et que c'est encore lui qui, aidé de ces mêmes satellites, terrifie vos invités... Nous avons connu, vous et moi, un temps qui n'est pas encore bien éloigné où cet homme, jugé indispensable, était le confident des auteurs, des directeurs et des artistes! Cet âge d'or, pour ces messieurs, n'est heureusement plus, mais il faut que des directeurs aient le courage de porter un coup suprême à tous ces trafiquants qui rabaissent et discréditent le théâtre dans la salle et autour de la salle. Nous comptons sur vous, Monsieur, pour faire cette saine besogne. J'imagine qu'en supprimant à tout jamais le service des applaudissements, les auteurs et les directeurs rendraient au public un service autrement important qu'en mettant à l'ordre du jour l'inutile question des répétitions générales. Et laissez-moi vous dire, Monsieur, qu'on vous sait gré d'avoir, au milieu de cette bataille, défini de façon très exacte le rôle de l'auteur et la tâche du directeur; une bonne pièce est toujours une bonne pièce, et toutes les répétitions générales du monde n'empêcheront point une œuvre d'avoir le sort qu'elle doit avoir... Relisons les sages leçons de notre Oncle!

*
* *

Et tout à l'heure, lorsque le régisseur de la nouvelle Renaissance frappait les trois coups, sans y prendre garde, tout naturellement, vous regardiez en arrière et songiez aux années du collège Chaptal : vous vous rappeliez le réfectoire, la récréation, la cloche ! C'est comme ça !... Il y a des retours que les dilettantes eux-mêmes ne peuvent éviter. Était-ce le bon temps? Vous croyiez alors que les pensums, les retenues, les consignes et les arrêts étaient vos seuls chagrins. Mais à peine étiez-vous sorti de l'école, qu'un de vos maîtres vous disait que l'homme ne commence à vivre que lorsqu'il commence à comprendre... Il ajoutait qu'il n'est de vrai bonheur, de bonheur réel, que celui dont on se rend compte. Et vous ne regrettez ni Chaptal, ni le Conservatoire, ni la Russie, ni votre rentrée à Paris à l'Odéon, ni la Renaissance de Sarah Bernhardt, ni le Vaudeville de Réjane, ni la Porte-Saint-Martin de *l'Assommoir*, ni les trois cents représentations de *l'Aiglon*, ni *la Veine* aux Variétés, ni même la direction de la scène de la

Comédie-Française !... Le regret est un mot que vous ne connaissez pas : vous ne voulez pas vous souvenir !. . Heureux homme !

... Comme l'on vous envie ! Et comme il serait doux de ne prendre de la vie que ce qu'elle a de bon, et de rejeter ce qu'elle a de mauvais ! Ne pas savoir qu'on vieillit, c'est encore la meilleure manière de rester jeune ! La vie — vous ne l'avez pas oublié ! — est une habitude : c'est la dernière qu'on veut perdre, parce que c'est la première qu'on a prise. Il faut bien croire que cette manière est la bonne, puisqu'elle vous a toujours si parfaitement réussi. Vous êtes heureux et vous jouissez de ce complet bonheur, mettant en pratique la jolie maxime de ce charmant écrivain qui disait un jour, se laissant aller à la mélancolie du souvenir :

« Eh oui ! nous étions heureux quand nous étions petits, mais nous ne savions pas que nous l'étions !

— Alors ?

— Alors, c'est comme si nous avions été malheureux ! Ca ne compte pas !

Et, sans crainte de l'avenir, sans souci du passé, vous poursuivez votre route, laissant à tous l'impression d'un homme souriant, content des autres et de lui-même, et qui n'en sait pas moins ce qu'il veut et où il va... Avec cela, vous avez des amis dévoués, qui vous donnent le meilleur de leur cœur et de leur intelligence, qui croient en vous, qui ne voient que par vous et pour vous. Et vous vous laissez vivre béatement, vous sentant aimé, choyé. De votre côté, vous donnez à ces amis rares toute l'affection dont vous êtes capable. Votre façon de juger les hommes et les choses, votre tour d'esprit, vos idées, tout en vous leur plaît, les charme, les séduit; ils vous admirent presque autant qu'ils vous aiment, et cette affectueuse admiration a, dans sa continuité même, quelque chose de simple, de naïf et de touchant. Ce sont vos mousquetaires, dit-on avec autant de raison que de malice, et vos mousquetaires vous veillent et vous gardent!... Vous êtes bien à eux! Qui sait s'ils ne sont pas encore plus à vous?

Ces mousquetaires sont naturellement trois. Leurs devanciers avaient l'audace et l'énergie ; rien ne les arrêtait ; ils allaient droit à l'obstacle, franchissant la haie et le fossé, marchant à leur but sans que rien les en pût distraire; nous les aimions parce qu'ils étaient généreux, prodigues et bons. Les vôtres sont moins fougueux et plus prudents; au rire large et épanoui a fait place un sourire discret et charmant; ils méprisent le mot d'auteur, ce qui ne les empêche pas de jeter de l'esprit partout: leur imagination est capricieuse, d'un modernisme savoureux, d'une clarté rare mais jamais folle! La morale de leurs histoires, de leurs romans et de leurs pièces, c'est qu'il n'y a pas de morale, c'est qu'il faut prendre la vie comme elle vient, avec une indulgence clairvoyante. On appelle vos mousquetaires des ironistes. Va pour ironie! Autrefois, on nous disait que Meilhac et Halévy avaient inventé la blague et que *la Belle Hélène* était le chef-d'œuvre de la parodie. Ironie, blague ou parodie, le mot ne fait rien à l'affaire! Vos mousquetaires sont de leur temps, et c'est tout ce que vous leur demandez.

*
* *

Mais me voilà en train de louer vos mousquetaires, alors que je me proposais de refaire avec vous le chemin parcouru depuis la sortie de Chaptal.

La date de votre naissance? Il est convenu que nous ne donnerons pas de date. Les éphémérides théâtrales attestent que vous êtes né le même jour, la même année, à la même heure que votre joyeux camarade Félix Galipaux. C'est quelque chose!... On naît toujours le même jour que quelqu'un...

Après Chaptal, où, déjà, vous récitiez de grandes pièces de vers à vos condisciples et à vos professeurs enthousiastes, vous entriez au Conservatoire; vous y faisiez les années réglementaires : vous en sortiez avec les premières récompenses. Les mémoires de notre École de musique et de déclamation affirment que vous étiez un excellent élève. A peine sorti de l'école, vous débutiez au Gymnase, négligeant les théâtres d'État et repoussant leurs propositions. Vous jouiez *la Dame aux Camélias*, aux côtés de M*me* Aimée Tessandier. Le lendemain, vous étiez célèbre. Le surlendemain, M. Albert Delpit vous confiait le principal rôle de sa pièce nouvelle, *le Fils de Coralie*; vous étiez le grand jeune premier dramatique: la voix, la diction, la jeunesse, la sincérité, la passion, vous possédiez tous les dons de la nature et toutes les qualités de l'intelligence ; votre façon de rejeter vos cheveux en arrière était déclarée géniale ; votre avenir capillaire lui-même s'annonçait superbe et ce sont, je crois, les seules espérances qui ne se soient pas réalisées...

Le théâtre Michel vous guettait : il vous prit. A Pétersbourg, vous succédiez à Gustave Worms, ce qui n'était pas une tâche commode, mais la veine vous suivait, et, dès le premier soir, vous aviez enchanté la Cour et la Ville, vous aviez le droit de tenir tous les rôles, même ceux qui ne vous convenaient qu'à demi. Un jour, l'idée vous vint de vous montrer dans *Louis XI*, et, après quelques répétitions, vous jouiez le rôle. Comment? Là n'est pas la question. Vous vous êtes offert la fantaisie d'apprendre, pour l'amour de l'art, quinze cents vers de Casimir Delavigne : c'est un péché de jeunesse, bien excusable après tout. Vous appreniez dix rôles tandis que vos camarades, désespérés, en piochaient péniblement un... Et comme si jouer la comédie était pour vous un passe-temps, vous vous amusiez à faire la charge des grands artistes célèbres. Et quelle charge! Vous souvenez-vous de ces charmantes soirées passées à Croissy, chez notre pauvre ami Raoul Toché? D'un trait sûr et précis, avec un sentiment juste, vous indiquiez la note vraie et présentiez de vos célèbres aînés — ne nommons personne — des caricatures extraordinaires. C'était de l'art et du meilleur. Et chaque année, à la mi-septembre, vous nous quittiez... Il fallait bien terminer l'engagement!.. Et pourtant, si Paris allait oublier le créateur du *Fils de Coralie*!...

Mais Paris vous témoignait sa fidélité lorsque vous reparaissiez, à l'Odéon de Porel, dans *Kean*... Il vous fit fête, comme les Russes dans *Louis XI*... Il n'en restait pas moins certain que votre talent, mûri par l'étude et l'expérience, était plus propre à la comédie moderne qu'à Dumas père ou à Delavigne. Maurice Donnay triomphait au Chat Noir. Ce qu'était alors ce petit théâtre, vous le savez. Sous la coupole de l'Institut, un écrivain, et non des moindres, déclarait que, « pour l'expression des choses épiques, seul, de notre temps, le Chat Noir faisait la pige à Bossuet, et qu'ainsi le Chat de

Montmartre consolait M. de Vogüé de la perte du regretté Aigle de Meaux ». Nous n'avions alors à Paris rien de mieux pensant — je cite mes auteurs — que le Chat Noir, mais il fallait vivre, et seul le bon Salis, maître du Chat, vivait. C'est alors que Donnay, renonçant à des triomphes qui lui rapportaient plus de gloire que d'argent, songea à *Lysistrata*, à Réjane et à vous... Le Grand-Théâtre rêvé par Porel, l'établissement jugé insalubre par la Préfecture, la Censure qui voulait arrêter la pièce!... Que c'est loin tout cela! J'étais censeur et le plus jeune des censeurs, et mon rôle d'ami de la direction du Grand-Théâtre devenait terriblement difficile. Il fallait à tout prix sauver le poète et la direction affolés! Ce court billet de Donnay, que je vous livre, montre l'état d'âme du débutant :

Novembre 1892.

Mon cher Bernheim,

Il est impossible de faire disparaître quatre personnages sans nuire à l'équilibre et à la couleur de la pièce. Par conséquent, après deux jours de réflexion, j'ai trouvé le moyen de garder les personnages d'Hirondelle et Rosie, et de leurs maris.

Ellés existent comme simples Athéniennes, sans qu'il soit fait un seul instant allusion, même de très loin, à un vice que la police tolère et que les Beaux-Arts réprouvent. Je vous donne ma parole d'honneur et je défie qui que ce soit de trouver quoi que ce soit à redire aux personnes d'Hirondelle et de Rosie au point de vue qui nous inquiète. D'ailleurs, venez vous en rendre compte cet après-midi, à la répétition; au surplus, il n'y a pas moyen de faire autrement.

Agréez, cher ami, l'assurance de mes profondément dévoués et affectueux sentiments.

MAURICE DONNAY.

Des concessions furent faites de part et d'autre, la pièce fut jouée et alla aux nues... Le censeur, cette fois, vous avait vu à l'œuvre; il avait assisté aux répétitions, à ces intéressants travaux de mise en scène et de déchiffrage de l'ouvrage dramatique. « Mais c'est un Dupuis, un José Dupuis, que je joue-là ! » répétiez-vous avec insistance, et comme vous aviez raison ! José Dupuis représentait pour vous tout un théâtre, une époque, un monde. Vous aviez, pour cet artiste incomparable, pour le créateur de *la Petite Marquise* et de *la belle Hélène*, de *la Vie Parisienne* et de *la Grande-Duchesse*, une admiration profonde, un culte véritable... Instinctivement, vous aimiez la grâce souriante, l'ironie fine, la mélancolie inexprimable de ce délicieux théâtre; déjà vous en étiez l'homme. Et lorsque je vous contemple aujourd'hui, vous hâtant de rire de tout de peur d'être obligé d'en pleurer, lorsque je regarde douze ans en arrière et songe à nos répétitions de *Lysistrata*, je comprends votre manière de vivre, de penser, et aussi celle de choisir vos mousquetaires !...

Citer les rôles que vous avez joués depuis *Lysistrata*, c'est dire vos succès et refaire une biographie cent fois faite. J'aime mieux, au moment où vous réalisez le rêve de votre vie et où vous devenez « conducteur d'hommes », vous demander de rester fidèle à ce théâtre de Meilhac et Halévy. Vous allez jouer les œuvres de vos mousquetaires, et, en les jouant, c'est encore du théâtre de Meilhac et Halévy que vous nous donnerez !... Mais, entre temps, entre deux exquises *Châtelaines*, relisez *la Petite Marquise* ou *la Cigale* : pensez à Dupuis, à notre José Dupuis, un des plus grands comédiens de notre temps; dites-vous que l'an dernier, aux Variétés, en ce théâtre de *la Veine*, il fut question d'une reprise de *la Cigale*, jouée par cette

charmante Lavallière et par vous. Songez-y !
Pour une fois, souvenez-vous ! Ce passé-là n'est
pas si terrible !... Et puis, qui sait si Meilhac et
Halévy n'ont pas été vos véritables premiers
mousquetaires ?...

LES

DÉBUTS DE M. LEONCAVALLO

Décembre 1902.

Il y a une vingtaine d'années, l'Eldorado — qu'on appelait la Comédie-Française des cafés-concerts — était dirigé par un homme aimable, intelligent, M. Renard, qui serait sans doute encore de ce monde s'il n'avait pas eu, comme tant de ses confrères, la folle ambition de prendre un théâtre. C'est lui qui eut l'honneur de découvrir Anna Judic, Louise Théo, Mily Meyer, et les noms aimés de ces étoiles parisiennes flambaient en lettres d'or au plafond de son établissement. Le fauteuil d'orchestre coûtait alors cinquante sous : on pouvait, moyennant cette somme modique, fumer et boire une cerise à l'eau-de-vie, et, pour comprendre la romance de M. Debailleul, on n'avait besoin d'aucune tension d'esprit.

Chez M. Renard, on classait les emplois tout comme à la Comédie-Française : le chanteur comique avait le droit de dire des monologues à refrains, mais la vraie chanson lui demeurait interdite : Mathieu, un comique d'un naturel exquis, et Ducastel, l'émule du joyeux Baron étaient les titulaires en chef de cet emploi; Perrin, le gros Perrin, doué d'une mémoire prodigieuse et d'une articulation étonnante, débitait, avec une volubilité extraordinaire, des histoires inimaginables; la joyeuse Bonnaire chantait, grimaçait, gambadait, toujours applaudie; la brave Amiati nous donnait des conseils patriotiques. Quant aux chansons à boire, elles étaient dites soit, par Arnaud, soit par Bourgès. Qui ne vit le poivrot Bourgès s'arrêter brusquement, contempler les spectateurs des galeries supérieures, battre la mesure pour laisser à ce public le soin de reprendre en chœur le refrain populaire, qui n'a pas assisté à ces scènes épiques ignore les véritables joies du café-concert!

Ce sont, hélas! des spectacles qu'on ne reverra

plus : le fauteuil d'orchestre à cinquante sous coûte maintenant six francs : les vieux vaudevilles, qui constituaient pour les artistes du concert les meilleurs exercices de comédie, ont été remplacés par des machines à costumes et à décors. Que sont devenues les romances des petits oiseaux et des jolies violettes? Où est le temps des cerises?....

En cet Eldorado, au milieu de ces maîtres du concert, on apercevait une petite femme boulotte aux yeux ardents, aux cheveux noirs, au teint bruni : elle se nommait Juana. Comme ses camarades Bonnaire et Amiati, elle était célèbre. Elle chantait, sans bouger, sans articuler, d'une voix forte et délicieusement endormie, des choses que le programme désignait sous le nom de barcarolles. A l'estaminet du concert, après le spectacle, nous chantions les refrains de la grosse brune et nous ne doutions pas que l'auteur de cette musique serait un jour célèbre dans le monde entier. Le barcarolliste de notre Juana n'était autre en effet, que l'auteur des *Paillasses*, M. Leoncavallo.

.*.

— C'est pourtant vrai que je fis pleurer les petits Parisiens, me disait hier M. Leoncavallo, tout en me contant l'histoire de ses débuts... C'est peut-être parce que je pleurais avec eux! Je n'étais pas riche alors... Je donnais des leçons de piano... J'accompagnais les artistes dans les représentations à bénéfice. Et j'étais très fier d'avoir compris la sensiblerie particulière du bon peuple de Paris! Je vous assure que ces chansons de Juana et d'Amiati — car je commis aussi des chansons patriotiques — n'étaient pas méprisables. Ce n'est pas si commode de chanter le printemps ou de célébrer la patrie! Pensez que c'est toujours le même soleil qui nous éclaire! Pensez que ce sont constamment les mêmes idées, les mêmes opinions qui reviennent chez vous comme chez nous, en France comme en Italie! Nadaud refit ce qu'avait fait Béranger, et les poètes du Chat Noir reprirent Béranger et Nadaud et renouvelèrent de leur mieux le chant des oiseaux, des cerises et des étoiles! Et après le Chat Noir, d'autres vinrent, et ce sera toujours la même chose, parce que c'est toujours la même chose !

Tout cela était dit gentiment, simplement, sans affectation, sans apprêt. Il semblait que le barcarolliste de Mᵐᵉ Juana avait eu des débuts particulièrement difficiles.

— Si vous racontez mes débuts à l'Eldorado, n'oubliez surtout pas de rappeler que j'ai choisi une Française pour compagne de ma vie ! Oui, une Française, une Arlésienne qui comprend l'italien et le parle mal, si mal que nous parlons toujours français à la maison.

Ces barcarolles de concert, ces leçons de piano — il fallait bien vivre ! — n'empêchaient pas M. Leoncavallo de continuer ses études musicales. C'est au Conservatoire de Naples qu'il apprit la musique, tandis que ses camarades Puccini et Mascagni faisaient leurs classes à Milan.

— Du Conservatoire de Milan notre grand compatriote Verdi est sorti, ajoute en riant M. Leoncavallo. Il en fut même chassé à l'âge de douze ans, sous prétexte qu'il était mal doué, incapable et paresseux !... Et maintenant son nom reste gravé impérissable sur tous les murs de l'école ! Vous voyez bien que j'ai raison et que c'est toujours la même chose !

Et M. Leoncavallo poursuit et m'explique le fonctionnement des Conservatoires en Italie. Les comédiens n'ont point d'écoles : les Novelli et les Zacconi se font eux-mêmes ; ils s'engagent dans des troupes ambulantes, puis entrent au théâtre par protection et le plus souvent par hasard. Les musiciens et les chanteurs ont, en revanche, nombre de lycées. Le Conservatoire de Bologne, qui est un des meilleurs, a donné Rossini et Donizetti ; Mozart et Mendelssohn eux-mêmes y terminèrent leurs études. Ceux de Parme, de Venise et de Naples ne sont pas moins habilement dirigés.

— Oh ! Naples ! soupire alors mon aimable interlocuteur. Naples ! c'est là que je naquis, que j'appris mes notes... Comme Bellini, l'auteur de *la Norma !* Ils sont injustes pour Naples et pour Rome, vos écrivains français. J'en aurais long à vous conter. Les charpentiers, les menuisiers, les colporteurs, les maçons, viennent de Novare, de Côme et de Bergame, c'est vrai ; mais les charcuteries et les boucheries ne sont pas les seules boutiques de Rome! Il y a autre chose! Il ne me paraît pas juste de prétendre que l'Italie subit la double fatalité de son climat et du système de société dans laquelle elle est concentrée. Ce qui est vrai, c'est que chaque province reste fidèle à son génie. Mais cela, c'est le propre de tous les pays!

Puis, se ravisant et s'esclaffant de rire :

— Vous voyez encore que c'est toujours la même chose.

**

M. Leoncavallo a déjà fait nombre d'ouvrages : *Les Médicis*, *Chatterton*, *La Bohème* — cette jolie *Bohème* que le Théâtre lyrique de la Renaissance nous fit applaudir il y a trois ans — *Zaza*, d'autres encore... Mais il avoue sa prédilection pour *les Paillasses*. Ne vécut-il pas son œuvre? Ne pensa-t-il pas ses personnages? Il avait cinq ans lorsqu'il assista à la fameuse scène... On célébrait alors à Montalto la fête de la Vierge de la Serra : une immense foire avait été organisée; le petit Leoncavallo, accompagné de son frère aîné et du domestique de la famille, était installé dans une baraque foraine. Le spectacle se terminait par une pantomime.

La pantomime touchait à sa fin lorsque l'acteur principal se précipite au milieu de l'orchestre. On baisse le rideau. Qu'y a-t-il ?

— J'ai tué ma femme ! murmure le mime, essuyant son couteau ensanglanté. J'avais trouvé dans sa poche un billet d'amour !

Et s'élançant sur le domestique des jeunes Leoncavallo :

— Vous êtes l'auteur de cette lettre ! Vous êtes l'amant de ma femme ! A votre tour maintenant !

L'artiste est arrêté. Quelques semaines après, M. Leoncavallo père, en sa qualité de magistrat, doit juger le double assassinat de la fête de la Vierge de la Serra... Le meurtrier est condamné à vingt-cinq ans de travaux forcés.

Cela se passait il y a exactement trente-six ans. Paillasse compte aujourd'hui quatre-vingts ans sonnés. Il est sorti de prison et est entré comme garde-chasse au service d'une riche baronne italienne...

Voilà d'où naquit l'ouvrage qui devait populariser le barcarolliste de l'Eldorado.

Jeunes Italiens des Conservatoires de Naples, de Rome, de Milan, de Venise, de Bologne, rappelez-vous l'histoire de la fête de la Vierge de la Serra!...

L'ANCIEN CHAT NOIR

Janvier 1903.

Notre ami Serge Basset vous conta que nous avons, l'autre soir, ressuscité la Chanson française et entrepris la résurrection du Chat Noir aux Funambules. Quand je dis entrepris, j'indique à la fois l'idée et l'écueil : l'idée semblait ingénieuse et nous avait tous charmés ; l'écueil, hélas ! c'est que le Chat Noir, ses ombres, ses chansons, ses poètes, exigent des salles spéciales ; je me souvenais d'une matinée de gala offerte à l'Odéon avec le concours de Salis : elle fut navrante. Il faut se méfier du cadre et ne pas exposer à des insuccès les artistes qui vous donnent leur temps et leur talent. Après bien des recherches, nous dénichâmes les Funambules : la salle nous avait été signalée par Léon

Gandillot ou plutôt par sa concierge : la bonne dame prit la précaution de nous apprendre que plusieurs *impresarii* lancèrent ce petit théâtre pour y faire de déplorables affaires; elle appela notre attention sur le calorifère qui se trouvait dans un état détestable, et sur l'électricité qui, depuis longtemps, ne marchait plus; elle nous montra une petite cabane sur laquelle se trouvait inscrit le mot location, et cette cabane, toute démolie, avait fort mauvaise apparence... Mais nous nous étions mis en tête de remettre à la scène l'*Épopée*, de Caran d'Ache. Sans tenir compte des prudents avis de la concierge des Funambules, nous retînmes la salle pour la soirée du réveillon.

Nous sommes sortis indemnes de cette périlleuse épreuve, mais j'ai bien le droit de le dire aujourd'hui à tous les présidents et vice-présidents de tous les comités et sous-comités de fêtes : « Gardez-vous de pareilles imprudences ! » Ce sont là des folies d'*impresarii* que des hommes raisonnables ne doivent pas faire. « Si l'électricité ne marche pas? » me disait celui-ci. « Si le calorifère marche trop? » répétait celui-là. Découragé, je ne soufflais plus mot... La nuit, j'avais d'inavouables cauchemars... C'était la faute au bon Salis! C'était la faute à l'*Épopée!...*

. . .

L'*Épopée*, de Caran d'Ache, nous laissait à tous d'inoubliables souvenirs. N'est-ce pas M. Jules Lemaître qui, dans un article à jamais célèbre, proclama que les ombres de l'*Épopée* sont une des plus nobles formes de l'art, qu'elles excellent à traduire à la fois les mythes et les légendes, les idées générales et très simples, à nous mettre sous les yeux les figures idéales et largement humaines, les spectacles grandioses, la vie des foules et les plus grands événements de l'histoire?

Oui! Salis avait, avec beaucoup d'à-propos, renouvelé la Bohème et fait de son cabaret un restaurant et une brasserie, un café et un cénacle, un concert et un théâtre : on y buvait, on y mangeait, on y chantait; on y jouait la comédie, le drame, la pantomime : on y tâtait de la peinture, de la sculpture, de l'aquarelle: tous les genres étaient bons. Le cabaretier, commerçant supérieur, préparait à ses hôtes de choix la plus attirante des réceptions : les bocks — les bocks à dix francs — étaient présentés par des académiciens ; le boniment était lancé avec une verve surprenante ; il y avait entre cet extraordinaire compère et ses dociles auditeurs une sympathie charmante et obligatoire.

Au beau temps du Chevalier Salis, en 1888, je débutais à la Censure. J'étais la terreur du pauvre Libert... Le joyeux *Amant d'Amanda* avait la mauvaise habitude de chanter des couplets interdits : m'apercevait-il blotti dans le fond d'une loge ? Vite, il perdait une fois de plus la mémoire, prétextait une indisposition subite et quittait la scène, plongeant dans une profonde stupéfaction les spectateurs alléchés par la chanson obscène. Pauvre Libert ! Combien de fois il me répéta mélancoliquement :

— Et Salis ! Vous leur laissez tout dire là-haut, à Montmartre !

Le brave garçon ne se doutait pas que le programme du cabaret Salis ne fut jamais soumis à notre visa ! Pourquoi ? Comment ? C'est un mystère resté impénétrable !...

.

Nous avons naturellement beaucoup pensé, l'autre soir, au défunt cabaretier. Mᵐᵉ Salis, avec une extrême obligeance, nous envoya caisses, boîtes, accessoires, ombres, mais le grand patron n'était plus là pour conduire le feu ! Par bonheur, les fidèles Fragerolle, Hyspa, Meusy, Jules Moy, Montoya répondirent à notre appel, réparant ainsi la mauvaise conduite des Ombres. Quant à cette admirable *Epopée*, elle avait, comme Libert autrefois, été prise d'un fâcheux malaise... Les scènes comiques semblaient d'une tristesse morne, et les tableaux de la « Retraite », qui sont d'une réelle beauté, marchaient à l'envers...

La pendule des Funambules — je la verrai éternellement cette pendule ! — marquait alors exactement neuf heures trente-cinq, et le spectacle avait commencé à neuf heures... Les étoiles de la chanson se trouvaient bien là, mais leurs accompagnateurs, comptant — ô ironie ! — sur les *bis* de l'*Epopée*, n'arrivaient toujours pas !... Que faire ? Que penser ? C'est Maurice Donnay qui nous sauva. Se souvenant qu'il avait débuté chez Salis, il entra en scène et, sans gestes, sans manières, de sa voix délicieuse, avec un art incomparable, il débita deux poésies d'autrefois — deux chefs-d'œuvre ! Les spectateurs, ravis, firent fête à Donnay : ils avaient oublié les *Ombres* et l'*Epopée* !... Dans la coulisse, les accompagnateurs arrivaient, et les artistes battaient des mains...

— Je prends une leçon, murmurait une diva de la chanson. Pour dire mieux que nous, il n'y a encore rien de tel qu'un vrai poète !...

Maurice Donnay sortit de scène. Nous étions tous dans la joie, et moi-même, oubliant nos malheurs, j'embrassai Donnay... C'est tout ce que je sus lui dire...

La partie fut ainsi gagnée. Notre ami Zamacoïs suivit l'exemple et donna au public une nouvelle surprise... Affolés par les Ombres, nous avions appelé au secours une des anciennes gloires du concert, Leoncavallo. L'auteur des *Paillasses* dormait, on le réveilla ; il sauta dans un fiacre et arriva aux Funambules juste à temps pour se mettre au piano... De la pauvre *Epopée* il n'était plus trace, et les étoiles de la chanson, femmes et hommes, reçurent un accueil enthousiaste...

Aujourd'hui le calme est revenu, mais la leçon profitera. Nous avons fait aux Funambules de Gandillot le grand maximum, et de tous côtés on réclame une nouvelle soirée... Mais non! La cabane de la buraliste est cette fois démolie et irrévocablement... Nous ne la reconstruirons pas...

AU THÉATRE DE MUNICH

Janvier 1903.

Le hasard, qui fait parfois bien les choses, me conduisit l'autre semaine à Munich, et j'ai pu ainsi assister aux dernières répétitions d'ensemble de *Messidor*, l'œuvre d'Émile Zola et Alfred Bruneau. Il y a trois ans, lors de ma visite dans les théâtres populaires d'Allemagne et d'Autriche, je constatai, sans songer à mal, que Munich, la ville du progrès par excellence, ne possédait pas de scène populaire, de « Volkstheater ». Mais j'avais, je le confesse, compté sans l'intendant général des théâtres de la ville, M. le baron de Possart, homme fort important, qui n'entend point que les scènes dont il a la surveillance officielle soient traitées avec une telle désinvolture. Rendons donc aujourjourd'hui au maître des théâtres de Munich la justice qui lui est due.

M. de Possart a la direction effective des trois grands théâtres de la capitale de la Bavière. C'est un fonctionnaire nommé par la Cour et agréé par l'Empereur : il n'a rien à voir dans les affaires commerciales de ces trois entreprises. On sait qu'en Allemagne les subventions arrivent toujours à temps pour boucher les trous et réparer les désastres s'il en est. Les subventions sont en réalité des fonds secrets. Depuis que le vigilant administrateur de cet admirable théâtre de Wiesbaden, répondant à une indiscrète question que je lui posais, me dit :

— Monsieur, sachez que, chez nous, il y a toujours des subventions, mais sachez surtout qu'il n'en faut jamais demander le chiffre !

Depuis ce jour-là, je compris et me gardai de m'attirer, à Munich, une réponse aussi catégorique. Les trois théâtres de M. de Possart sont, il n'en faut pas douter, richement subventionnés. Cassette royale de Bavière ou cassette impériale de Berlin, peu importe : le résultat est là.

Le premier de ces théâtres se nomme l'Opéra

royal, le second le Residenztheater — théâtre Louis XV, disent les Munichois — le troisième le théâtre du Prince-Régent, situé à quelques kilomètres de la ville. L'inauguration eut, l'an dernier, un retentissement énorme ; M. de Possart passait non sans raison pour avoir créé à Munich un nouveau théâtre-trapèze, sur le modèle de celui de Bayreuth. Munich allait faire au fameux théâtre de la Colline la plus directe et la plus dangereuse des concurrences ! L'avenir nous dira si le théâtre du Prince-Régent est véritablement supérieur au théâtre de Wagner ; telle qu'elle est, la nouvelle salle possède tous les éléments de réussite. L'administration de Bayreuth aura toujours, comme par le passé, dix longs mois pour préparer des spectacles qui ne durent que quelques semaines. Celle de Munich dispose naturellement de forces déjà prêtes, j'entends par là de la troupe régulière de l'Opéra de Munich.

Dirai-je que le théâtre du Prince-Régent de Munich, reste ouvert, durant l'hiver, tous les dimanches en matinée et se transforme alors en grande scène populaire, où, seuls, les chefs-d'œuvre classiques de tous les pays et de tous les temps trouvent leur place? Et cela est encore de la très bonne et de la très sage administration. En juillet et en août, des représentations wagnériennes avec des fauteuils à vingt francs; en hiver, des spectacles classiques accessibles aux petites bourses, avec des fauteuils à quarante sous.

— Et des spectacles hebdomadaires, reprend M. Brugmann, le jeune et distingué chef de chant de l'Opéra de Munich, qui nous fait avec tant d'obligeance les honneurs de tous ces théâtres. Hebdomadaires! M. de Possart n'a pas voulu qu'il en fût autrement. Un théâtre populaire ne peut vivre, à Munich, que si les spectacles demeurent espacés. Songez que nous ne comptons ici que cinq cent mille habitants, pas davantage. Et puis, il y a autre chose!... Notre théâtre du Prince-Régent se trouve hors ville. C'est notre théâtre de banlieue, à nous! Les ouvriers de Munich s'y rendront le dimanche et les jours fériés... Mais faut-il exiger qu'ils y aillent le soir, en cette saison, par la pluie ou la neige?... Ne serait-ce pas trop leur demander?

L'argument est, à mon sens, irréfutable. Oserai-je faire remarquer que c'est la thèse que nous avons sans cesse défendue? Parcourir la banlieue, desservir tous nos faubourgs les uns après les autres, aller trouver les petits Parisiens chez eux, leur apporter de belles œuvres bien jouées, leur offrir ces spectacles pour quarante sous, pour dix sous, voilà la forme véritable du grand théâtre populaire, ouvert à la fois à la comédie et à la musique.

Ajouterai-je que M. de Possart se donne parfois la fantaisie de jouer lui-même un beau rôle du répertoire dans ces matinées classiques populaires du théâtre du Prince-Régent? Car M. de Possart n'est pas seulement intendant, et un excellent intendant fort en honneur à la Cour; il se montre aussi un metteur en scène d'une rare intelligence, un conseiller avisé et un comédien de talent. Visage souriant, soixante-deux ans, tout en n'en portant que cinquante, œil vif, voix grave, et avec cela un état-major actif, des directeurs de musique, des « cappelmeister », des costumiers, des décorateurs, des électriciens, tous bien stylés, exécutant les ordres sans hésitation ni murmure. C'est plus qu'il n'en faut pour être considéré comme le premier directeur des théâtres d'Allemagne et

M. de Possart respire le bonheur : il est nécessaire, il est indispensable; il le croit, il le dit.

Écoutons, d'ailleurs, l'auteur de ce beau *Messidor*, que les Munichois viennent d'accueillir avec enthousiasme.

. *. .

— A peine étais-je entré à l'Opéra de Munich, me conte Alfred Bruneau, que j'eus l'occasion de me trouver dans une maison vraiment consacrée à la musique, une maison où la musique règne en reine aimée, admirée et respectée. Me souhaitant la bienvenue, l'intendant M. de Possart, et le directeur général, M. Zumpe, me déclarent que le théâtre m'appartient jusqu'à la première représentation. Faites-en absolument ce que vous voulez, reprennent-ils, vous êtes chez vous! En effet, le personnel se met à ma complète disposition avec une simplicité, un entrain et une cordialité qui me touchent profondément. L'œuvre avait été préparée de la façon la plus remarquable par M. Hugo Rohr, un « cappelmeister » hors ligne, qui savait déjà la partition par cœur et qui m'a donné d'incomparables joies. Sous sa direction, l'orchestre — vous n'avez pas manqué de vous en rendre compte — n'est qu'un seul et unique instrument, tantôt de douceur délicieuse, tantôt de rudesse formidable. C'est un ensemble aux mille jeux, souple, précis, obéissant et magnifique. M. Rohr avait deviné tous mes mouvements, toutes mes intentions. Cependant, à chaque instant, debout au pupitre devant ses artistes, il se tournait vers moi, m'interrogeant du regard, me priant de ne point lui ménager les observations, ne craignant point de diminuer son autorité de chef. Le compositeur, vous l'avez vu, est le maître souverain dont les désirs sont immédiatement contentés. A la fin d'une longue et fatigante répétition, par exemple, j'éprouvais la sensation qu'une séance d'étude supplémentaire serait utile pour le tableau de la « Cathédrale d'Or ». On s'en aperçut, et aussitôt, le corps de ballet fut convoqué, le soir même. Pas une danseuse ne manqua à l'appel. Toutes acceptèrent en souriant ce surcroît de besogne inattendu et recommencèrent à travailler gaiement de huit heures à onze heures. Les choristes, concourant à la vive et pittoresque mise en scène que vous avez vue, les artistes interprètes que vous avez entendus, ne me témoignèrent pas un moindre dévouement. Certes, il y a dans ce dévouement de la sympathie pour moi, sympathie que je suis très heureux d'avoir gagnée, mais j'ai cru y découvrir aussi et surtout une sorte de satisfaction passionnée à servir la musique. Et c'est ce qui m'a frappé et ravi... Et cela double ma fierté de l'accueil qui m'est réservé ici... J'en rends grâce à mon cher et glorieux ami disparu, à Zola, car c'est à son admirable génie que je dois de pouvoir aujourd'hui chanter, dans le pays des dieux de l'Harmonie et de la Mélodie, un peu de notre bonne terre de France!...

*
* *

J'assistai, en effet, aux deux dernières répétitions, et je pus me rendre un compte très exact de l'intelligence ou, pour mieux dire, du génie musical de tous ces artistes d'orchestre, au milieu desquels s'était glissé — Alfred Bruneau oublia de nous l'indiquer — le neveu du roi de Bavière, « Son Altesse », qui vient, chaque matin, suivre les cours d'orchestre de l'Opéra de Munich...

Je dis chaque matin, car, contrairement à ce qu'on croit, il n'y a pas, dans les théâtres d'Allemagne, deux répétitions : une le matin et une le soir; il n'y en a qu'une seule. Elle commence à dix heures du matin et finit à deux heures de l'après-midi, et cela pour la raison que, de deux heures à six heures, le théâtre doit rester vide par mesure de salubrité publique édictée par la police. Tous ces travaux préparatoires se font sans bruit et sans joie : tels les exercices de chambre exécutés dans les casernes par les soldats sous l'œil vigilant des officiers et des sous-officiers. Casernes de théâtre ! Je vous l'ai dit : écoles du soir, *Abendschule!*

Toutefois, je ne puis que regretter que M. de Possart, qui passe pour un homme de théâtre si averti, offre aux Munichois, comme spécimens de la musique française, *le Postillon de Lonjumeau* et *la Muette de Portici*. Les Munichois ignorent les noms de Saint-Saëns, de Reyer, de Massenet, et le chef de chant du théâtre, déjà nommé, pour s'excuser de ces incompréhensibles oublis, me répond :

— Mais nous avions monté *Gwendoline*, nous avions monté *Louise*, et *Messidor* est notre troisième ouvrage! Avant, nous avions donné *Faust* et même *Carmen*.

Voilà où en est notre musique à Munich... *Le Postillon de Lonjumeau*, qu'on ne joue plus que rarement dans nos théâtres de France et que Léon Carvalho offrait jadis en fin ou en commencement de spectacle avec *le Pré aux Clercs* ou *la Dame Blanche*, a les honneurs de toute une soirée... On le joue seul, comme *Tannhaüser*. L'auteur de *Giralda* et du *Chalet* représente la musique française... Art sensible, je n'en disconviens pas, art complaisant, art câlin, qui, au lieu de s'imposer violemment à notre pensée, nous enveloppe, nous caresse, nous entraîne et nous repose des soucis et des angoises de la réalité! Mais l'art câlin se borne-t-il vraiment à *la Muette* et au *Postillon*? Y a-t-il, chez les grands directeurs des grands théâtres allemands, une telle ignorance de la musique française? Lorsque je visitai les Volkstheater d'Allemagne, je m'aperçus que nous avions plus fait, en deux années, pour le développement du théâtre populaire, que tous les Allemands, les Autrichiens et les Belges qui depuis des siècles méditent des projets grands comme le monde. Est-ce qu'il en serait de même pour la musique moderne? Le grand Opéra de M. de Possart, c'est-à-dire la première scène musicale d'Allemagne, n'a encore représenté ni *Samson*, ni *Sigurd*, ni *Manon!*

MISSIONS DE THÉÂTRE

Février 1903.

Un comédien excellent, poète délicat à ses heures, M. Jules Truffier, vient d'être chargé de fonder une école de déclamation à Athènes, et voici que, sans y prendre garde, le distingué sociétaire remet à l'ordre du jour l'intéressante question de la propagation de notre théâtre à l'étranger. Weiss eût dit, en son langage imagé : « M. Truffier va porter à Athènes un rayon de France ! »

Je me souviens, à ce propos, qu'un soir, un soir de grande première, il y a une vingtaine d'années, une belle discussion s'engagea, pendant l'entr'acte, entre les deux rois de la critique d'alors, Sarcey et Weiss. Il ne s'agissait pas de savoir si la scène à faire de l'ouvrage nouveau semblait conçue et exécutée selon les lois régulières du théâtre; sur ce point, les deux illustres normaliens étaient d'irréductibles adversaires : celui-ci voulait que le théâtre fût un genre particulier, soumis à d'inviolables règles; celui-là, au contraire, s'amusait à prouver, et l'on sait avec quelle ingéniosité, que le prologue d'*Amphitryon* demeure la genèse d'*Orphée aux Enfers* que Thérésa était une seconde Rachel et que *Ma Camarade*, de Meilhac et Gille, décèle une psychologie racinienne.

Ce soir-là Weiss prétendait que les tournées de théâtre rehaussaient la gloire de notre art dramatique. Vous pensez bien que Sarcey, tranquillement installé dans son fauteuil et attendant la sonnette du dernier entr'acte, se mit dans une colère folle. Eh quoi! il avait fait contre les tournées une ardente campagne, et c'était un de ses plus honorés confrères qui le désavouait de la sorte! Weiss repartait de plus belle, lançait les grands mots, proclamait que les ordonnances royales et les décrets impériaux ne comptent pas et que l'essentiel c'est de répandre à l'étranger, toujours et partout, par tous les moyens possibles, notre littérature dramatique.

— Et vous n'avez pas le droit de vous révolter, continuait-il, vous, Sarcey, le premier! Qui donc accompagna la Comédie à Londres dans ses deux expéditions? Vous, Sarcey! Qui donc nota avec amour les émotions des sociétaires, enregistra leurs triomphes? Vous, Sarcey! N'étaient-ce donc point là les véritables tournées dramatiques dans toute leur splendeur?

— Erreur! Vous ne comprenez pas qu'il y a tournée et tournée, vous, Weiss, qui fûtes le directeur du plus important des ministères de France, vous, ex-conseiller d'État! Je vous dis, moi, que la Comédie-Française qui ferme ses portes et se transporte, armes et bagages...

— Armes, les sociétaires! bagages, les pensionnaires!

— Si vous voulez!.. ne peut être assimilée à une tournée composée de comédiens recrutés au hasard. Vraiment, vous n'avez pas l'air de vous douter que ces promenades ont ruiné nos théâtres de province qui, autrefois, étaient des écoles pour nos jeunes lauréats du Conservatoire. Aujourd'hui, que se passe-t-il, avec vos express, vos rapides, vos wagons-lits?

— Je vous ferai remarquer que je n'ai jamais

été directeur d'exploitation d'une compagnie de chemin de fer...

— Possible. Que se passe-t-il? Nos provinciaux viennent à Paris...

— Vous ne pouvez pourtant pas les en empêcher!

— Cela ne serait rien encore! Mais les provinciaux qui — quand nous étions, vous et moi, professeurs dans un bon lycée de province — s'abonnaient au théâtre, savez-vous ce qu'ils font aujourd'hui? Ils se réservent, ils attendent la tournée annoncée à grand fracas; le fauteuil d'orchestre qui, sous forme d'abonnement, coûtait jadis 3 ou 4 francs, est maintenant fixé à 10 ou 12 francs pour la soirée de la tournée. Eh! parbleu! il faut bien payer le cachet de l'étoile, car il n'est pas de tournée sans étoile, sans vedette... L'entrepreneur fait le maximum, c'est-à-dire une recette de 7 ou 8.000 francs et, du coup, il rafle les économies de nos provinciaux. Il leur a donné la pièce nouvelle, mais il les prive de théâtre pendant des jours, des semaines, des mois... Et, à la fin de la saison, le directeur présente ses comptes à la municipalité, sollicite une augmentation de subvention qui lui est impitoyablement refusée, et le théâtre est contraint de fermer ses portes, et la ville se trouve, pendant toute une année, privée de son plaisir favori... Vous appelez cela répandre notre littérature dramatique au dehors, vous!

— Je ne demande pas mieux, reprenait doucement Weiss, que de compatir aux malheurs de nos impresarii, mais leur « doit et avoir » ne m'inquiète pas, je vous le confesse... Vous avez votre opinion? Vous me permettrez de garder la mienne. Vous écrivez : « Cette pièce n'aura sans doute pas une longue carrière », autrement dit : « elle ne fera pas d'argent. » Vous le dirai-je? Les carrières courtes ou longues des pièces mauvaises ou bonnes m'importent peu, et ces assemblées d'hommes, de femmes et d'enfants, que vous appelez le public, n'exercent qu'une action fort médiocre sur mon âme naïve.

— Ah! je sais soupirait Sarcey, nous ne nous entendrons jamais!

Le dimanche suivant, dans leurs feuilletons respectifs, les deux critiques reprenaient la scène de l'entr'acte, Sarcey pestant contre la vedette, la liberté des théâtres et l'extension des tournées, et Weiss, nous déconcertant par une exquise placidité, méprisant les théories toutes faites et alignant le plus spirituellement du monde, sans prendre la peine de les ajuster, des opinions souvent quelque peu contradictoires...

* *

Weiss et Sarcey, il faut bien le dire, avaient tous les deux raison. Que les tournées et les étoiles aient porté un coup décisif à l'exploitation des scènes de province, nul n'en disconvient aujourd'hui, et l'argument de Sarcey reste, de tous points, irréfutable. Il n'en est pas moins très exact que, suivant la théorie de Weiss, un comédien qui donne des représentations à l'étranger contribue, personnellement et directement, à la propagation de notre théâtre.

J'en fis moi-même la constatation, lorsque je visitai les théâtres de l'étranger. Les représentations françaises qui, depuis la guerre de 70, étaient devenues en quelque sorte exceptionnelles, redeviennent aujourd'hui normales, et cela est sans doute un grand bien. A La Haye, par exemple, le portier du théâtre (c'est le fonctionnaire que je me fais un devoir de consulter toujours le premier lorsque je débarque dans une ville) m'indiqua, dans un patois effroyablement hollandais, que les représentations du cru alternaient aujourd'hui avec les représentations françaises.

— Et ça marche très bien, voyez-vous, Monsieur, ajouta-t-il.

Puis, d'un air malicieux, il reprit :

— Lisez ce programme, Monsieur : il en dit plus long que tous vos guides, allez! Voyez! l'heure du commencement du spectacle, et celle de la fin, c'est-à-dire l'heure de nos repas... Comme ça, vous savez tout!

C'est encore un portier, un portier belge celui-là, qui m'apprit qu'à Gand la lutte s'était engagée entre les spectacles allemands et les spectacles français. Ce portier ne savait pas si bien dire... Renseignements pris, la ville de Gand, intelligente et laborieuse entre toutes, échappe à notre langue : l'allemand et le flamand ont envahi peu à peu la rue et le théâtre; c'est donc tant mieux si des troupes françaises, ainsi que nous l'annoncent des notes officieuses, portent à Gand les chefs-d'œuvre de notre littérature en y multipliant les représentations et les conférences.

*
* *

En déléguant M. Jules Truffier à Athènes l'administrateur général de la Comédie-Française a, avec beaucoup d'à-propos, mis en pratique la doctrine de Weiss, si tant est que le célèbre critique ait jamais eu une doctrine! M. Truffier fondera-t-il à Athènes une école de déclamation? Organisera-t-il des cours? Fera-t-il des conférences? Il est homme à mener de face cette triple besogne, et je suis assuré qu'il s'en tirera à son honneur et à celui du grand théâtre qu'il représente. Oui, grand théâtre, quoi qu'on dise et quoi qu'on fasse... Il faut avoir parcouru les théâtres de l'étranger pour savoir ce que représente la Comédie-Française aux yeux de nos voisins. Est-il d'ailleurs besoin d'aller si loin pour se rendre compte de cet état très particulier? Il suffit, un soir de représentation classique populaire, de gagner un théâtre de faubourg. Quels applaudissements! Quels bravos! Quels rappels! Et quelle joie, pour tous les interprètes, de se trouver face à face avec nos petits Parisiens et de leur présenter les clairs génies de Molière, de Racine et de Corneille!

Bon et heureux voyage, donc, mon cher sociétaire! Je n'oublie pas que c'est vous qui, le premier, il y a un an, avez fait connaître et aimer nos grands poètes dans nos faubourgs de Paris. Vous allez reprendre à Athènes cette saine et utile besogne et c'est là encore une forme du vrai théâtre populaire!...

LES GROS DE THÉATRE

Mars 1903.

C'est encore l'Oncle — toujours l'Oncle ! — qui, ne songeant pas à la mort et plein de confiance dans l'avenir, nous disait gaiement, à l'un de nos déjeuners d'avril 1899 :

— Attention, mes amis! Encore deux gros qui viennent de s'éteindre !

Le troisième fut l'Oncle lui-même, et ce déjeuner a été le dernier de tous...

La mauvaise série des gros de théâtre recommence aujourd'hui. Après Courtès, Riga, et, sans doute, le vieil artiste et le consciencieux régisseur valaient mieux qu'un communiqué officiel. Tous deux firent du bien autour d'eux : Riga en fondant de nombreuses sociétés de secours mutuels ; Courtès en aidant, sans rien en dire et de la plus délicate manière, des camarades malheureux.

Je ne vis Courtès qu'une seule fois, et je garde de cette entrevue un souvenir charmant. Le brave comédien désirait obtenir les palmes académiques. Comme il n'avait jamais fait de démarches que pour les autres, il se montrait fort embarrassé quand ses affaires personnelles étaient en jeu. Il délégua donc auprès de moi un de ses camarades; il savait que lorsqu'il appartenait au Vaudeville, j'avais, avec mon regretté ami Raymond Deslandes et quelques confrères, réclamé son entrée à la Comédie-Française. Le pauvre Barré, qui souffrait d'une maladie d'yeux, était alors forcé de prendre sa retraite, et Courtès semblait, avec Daubray, le seul comédien capable de nous rendre le domestique du *Mariage de Victorine*, le Verdelet du *Gendre de M. Poirier*, ou même Chrysale des *Femmes savantes*. Mais on nous objectait, non sans une apparence de raison, que si Daubray fit jadis, au théâtre de La Tour d'Auvergne, de solides études classiques — il avait été un Orgon exquis — Courtès, lui, ne possédait pas la tradition nécessaire pour prendre l'emploi des grimes, des financiers et des manteaux du grand répertoire. Puis, le malheur voulut qu'au moment même où ces pourparlers s'engageaient avec la Comédie, le pauvre Courtès perdit, dans de mauvaises spéculations, les petites économies qu'il avait péniblement amassées.

Il avait été mis au courant des démarches qu'on faisait pour lui et, avec une naïveté charmante, il dit à Deslandes :

— Ne continuez pas, je vous en prie ! J'ai trop de soucis, voyez-vous... La Comédie-Française était le rêve de ma vie, c'est vrai... Pour y entrer, et aussi pour y rester, il m'eût fallu travailler, et beaucoup travailler... Je puis, au besoin, refaire ce que j'ai fait, c'est-à-dire jouer de bons prêtres... Je continuerai, à minuit moins vingt, à châtier les coupables et à récompenser les innocents... Tout cela me connaît... Mais entreprendre une nouvelle besogne, non ! Je ne m'en sens plus la force : je suis trop découragé !

Quand, il y a quatre ans, Courtès me rendit visite pour me remercier du ruban violet, il balbutia, me serrant bien fort les mains :

— Raymond Deslandes !

Mais le brave homme voulait cacher son émotion, et bien vite, il reprit :

— Oh! vos six étages! J'étouffe... Pensez que, pour rien au monde, nous ne nous servirions d'un ascenseur, nous, les vieux! C'est comme ça! Ni ascenseur, ni téléphone, ni automobile! La vieille école!... Ne vous moquez pas!

Et, tout en pestant contre le progrès, il dépliait un paquet.

— Tenez! Regardez et acceptez! Ce sont les vues de nos vieux théâtres du boulevard du Temple. J'ai débuté là... Vous accrocherez ces histoires-là dans votre antichambre et, quand je ne serai plus là pour jouer mes rôles, vous penserez de temps à autre au vieux Courtès et vous direz que ce ne fut pas un trop mauvais homme!...

Tout cela était conté avec une exquise bonhomie. L'homme semblait heureux de vivre : la voix était enrouée, fatiguée et déjà malade; quant à la mimique, elle était cordiale, mais non excessive : je retrouvai, dans ses moindres gestes, le personnage sympathique, tendre et bon des plus célèbres drames de d'Ennery. Je savais gré à l'acteur de rester à la ville ce qu'il était à la scène... C'est très rare cela !

Il fut convenu avec Courtès qu'après les cinq années réglementaires, j'interviendrais pour lui faire obtenir les palmes d'officier d'instruction publique à la condition que, sans messager cette fois, il me rendrait une nouvelle visite. Je reçus le 1er janvier dernier, la carte traditionnelle des souhaits de bonne année, mais la seconde visite ne devait être que pour l'année prochaine.

Ruban violet ou rosette, qu'importe ! C'est un comédien, et un bon comédien de l'ancien temps qui disparaît. Courtès aurait pu, avec un peu plus de chance, devenir un artiste supérieur, un grand sociétaire de la Comédie-Française; la destinée ne l'a pas voulu. Mais c'est déjà quelque chose de laisser un nom intact et d'avoir mené une vie — une vie de soixante-dix années ! — qui peut être donnée en exemple aux jeunes comédiens.

.·.

Riga, lui, s'essaya d'abord dans la féerie et

l'opérette : il jouait et chantait invariablement le troisième mousquetaire — quand il n'était pas le quatrième! — des jolies pièces de Varney. Le comédien savait son métier et le chanteur n'était pas maladroit. Avec cela, un physique excellent une face épanouie et gaie... Et, cependant, les années passaient et les rôles ne venaient pas... Fatigué d'attendre, Riga s'adonna à la régie. Intelligent et laborieux, il fit un stage dans différents théâtres ; mais c'est surtout auprès de Fernand Samuel qu'il sut se rendre utile, indispensable. Il était le Coleuille des Variétés.

Comme le régisseur de l'Opéra dont je contai l'histoire, Riga était un fonctionnaire modèle. Il arrivait le premier au théâtre et en sortait le dernier ; il exécutait, sans se donner le droit de les juger, les ordres de son chef, prenait des notes, et sténographiait les pensées directoriales. Le soir, quand le service de la scène était assuré il allait s'installer dans un affreux petit bureau d'une rare incommodité ; il y rédigeait son rapport de la journée.

Je l'ai vu personnellement à l'œuvre quand, il y a trois ans, pendant l'Exposition, il mit en scène les délicieux *Refrains d'Offenbach*, de Gandillot et Varney, qui obtinrent tant de succès dans les fêtes ministérielles. La tâche n'était pas commode, car les interprètes se recrutaient dans tous les théâtres, et c'était le plus populaire des artistes de la Comédie, notre joyeux ami Cadet, qui jouait le compère. Mais Riga était là, veillant à tout, dissipant les malentendus, montant, en quelques jours, une véritable pièce nouvelle et accomplissant un réel tour de force. Il fallait le voir, au Ministère de l'Intérieur, sur cette scène exiguë, spécialement construite pour ces fêtes! Il avait, d'un côté, reçu, de la Préfecture de police, les ordres les plus rigoureux; de l'autre, il était bien forcé de laisser pénétrer, dans les coulisses ministérielles, les souverains pour lesquels étaient préparés ces galas. Il faut rendre à Riga cette justice qu'il sut, avec un tact rare, contenter les uns et les autres sans jamais enfreindre la consigne.

Quelques mois après, je retrouvai un second Riga qui n'était pas moins pittoresque que le premier.

Alfred Capus, fétichard comme pas un, avait lu pour la première fois, sa délicieuse comédie, *la Veine*, chez moi. Il exigea que la lecture des *Deux écoles* se fît dans la même maison, dans la même chambre, à la même place. Ce qui fut dit fut fait et le succès, comme on pense, tourna au triomphe. Avec un art infini, l'auteur indiquait chaque trait, chaque mot. Ce fut un enchantement général. Tandis que directeur et artistes remerciaient l'auteur et s'extasiaient sur la forme exquise de cette jolie comédie, Riga, lui, son crayon à la main, minutait exactement chaque acte, chaque scène. Quant à son opinion sur la pièce, elle était bien simple :

— Tous des rôles à effet, tous de bons rôles ! Donc la pièce est bonne et fera beaucoup d'argent. *C'est couru !*

Car Riga, bien que relégué au second plan, n'en gardait pas moins ses idées sur la vedette, la cherté du prix des places, les répétitions générales. Il était ce qu'on appelle, en argot de coulisse, un homme de théâtre...

L'autre soir, quand j'allai féliciter les étincelants interprètes du *Beau Jeune homme*, je trouvai close la petite porte de la chambre minuscule... Je revécus *les Refrains d'Offenbach*, l'inoubliable lecture des *Deux écoles*, et je me souvins d'un petit drame dont nous fûmes, Jeanne Granier, Riga et moi, les trois seuls interprètes.

C'était, il y a quelques années, à l'une des dernières répétitions d'ensemble du *Vieux Marcheur*. Le dernier acte venait de finir. Il était deux heures du matin, et les employés, fatigués et pressés, avaient éteint la rampe et les lustres. Nous restions plongés dans l'obscurité. Le trou du souffleur était resté ouvert, béant. Bêtement je m'y précipitai : je poussai un cri formidable; Jeanne Granier d'une main, Riga de l'autre me sortirent du malheureux trou. Une seconde de plus et c'en était fait de moi !...

Comment donc ne pas remercier aujourd'hui le brave régisseur disparu? Il m'a tout simplement sauvé la vie...

CLAQUE ET CLAQUEURS

Mars 1903.

Qu'aurait dit Emile Havez, le plus aimable des chefs de claque, s'il avait pu supposer que les Tribunaux de France trancheraient un jour cette question : « Un chef de claque doit-il être considéré comme un employé de théâtre et a-t-il droit à une retraite? » Tel est, on le sait, le cas que l'ex-organisateur des victoires de nos sociétaires, autrement dit le préposé au service des applaudissements de la Comédie-Française, soumet à la justice de notre pays. Il veut qu'on apprécie ses états de services; il exige une retraite, sinon pour lui, du moins pour ses mains laborieuses.

— Nous sommes des critiques, me disait un jour Havez.

— Comment? Des critiques?

— Certainement! Nous ne pouvons rendre bonnes des pièces qui sont mauvaises, mais nous forçons les succès et nous masquons les échecs. Croyez-moi!... Auteurs, directeurs et artistes ne peuvent trouver de meilleurs avocats que nous. Le jour où vous nous supprimerez, c'en sera fait du théâtre. Détruire la claque? Jamais!

Emile Havez lançait ces opinions avec tant de conviction qu'il était impossible de lui résister. C'était charmant. Vous entendez bien qu'il tranchait ainsi, d'un seul coup, deux affaires qu'il tenait pour les plus graves du monde : celle du trafic des billets et aussi celle de la claque, car vous savez que le chef de claque surveille les applaudissements à l'intérieur des théâtres et la vente — et quelle vente! — des coupons au dehors.

Eh oui! marchands de billets et claqueurs, c'est tout un... Ces bonnes gens qui vous accostent le jour à la porte des théâtres, regardez-les bien : vous les retrouverez tous le soirs, réunis aux galeries supérieures, ayant deux missions distinctes : d'un côté, applaudir les entrées, les sorties et les effets des artistes; de l'autre, irriter les nerfs des spectateurs. Leur mot d'ordre? Vous le connaissez!... Si la pièce va bien : « Numéroté pour ce soir, 20 francs! ». Si elle marche mal : « Moins cher qu'au bureau ! » N'est-ce pas, précisément, un de nos plus sympathiques directeurs qui, ayant la manie de s'installer chaque soir au contrôle de son théâtre, fut surnommé par les marchands de billets eux-mêmes : « Moins cher qu'au bureau » ?

Je n'ai pas connu l'illustre Fournier qui laissa un nom dans l'histoire de la Claque française, mais j'ai été en relations avec son successeur, Emile Havez, qui resta un des plus dévoués amis d'Eugène Bertrand et de Victor Koning, et avait des intérêts considérables dans les principaux théâtres de Paris. Quand je pense qu'on parle aujourd'hui de trust théâtral et d'accaparement! Mais je le demande aux auteurs, aux directeurs et aux artistes, est-il donc si éloigné le temps où certains comédiens ne pouvaient appartenir qu'à certains théâtres? La combinaison était d'une ingéniosité rare :

— Vous me quittez, disait tranquillement le directeur à son pensionnaire; où irez-vous? Vous savez que vous ne serez nulle part aussi bien qu'ici !

Et le comédien, naïf, allait rendre visite à l'impresario voisin. Il ne se doutait pas qu'un traité en bonne et due forme avait été signé entre plusieurs directeurs qui, tout bonnement, se syndiquaient. Je sais des artistes, et des artistes excellents, qui se virent contraints, devant un tel état de choses, de s'expatrier pendant plusieurs années. N'était-ce pas là le trust secret ?

*
* *

Havez, il faut lui rendre cette justice, se plaignait d'être l'instrument de tels marchandages. Un jour qu'il avait été appelé devant la Commission des auteurs pour fournir des explications sur une méchante affaire de lever de rideau, je le vis arriver pâle, la mine défaite.

— Vous savez qu'on me condamne à une amende de douze mille francs ! soupira-t-il. Mais, au moins, j'aurai la satisfaction de n'avoir trahi personne !

Une fois encore, Havez payait des pots qu'il n'avait pas cassés... Mais il était heureux et fier de jouer un rôle, et il continuait... Il aurait pu, ayant placé toute sa fortune dans les exploitations théâtrales, prendre un théâtre et caresser la douce joie de se faire appeler « monsieur le directeur », lui qui commença là-haut, au quatrième étage des Variétés, sous les ordres de son père... Mais non! Il aimait mieux garder, ici et là, son influence, tirer d'embarras un directeur, faire des démarches pour un auteur, protéger une débutante...

Ce fut, en vérité, un type bien amusant qu'Emile Havez, et je crois qu'avec lui la race des grands chefs de claque s'est à jamais éteinte. Ses amis — ils furent nombreux, car il aimait à rendre service — disaient :

— Havez, un chef de claque? Un marchand de billets? Allons donc! Un banquier de théâtre!

Banquier de théâtre! Pour un peu, Havez l'aurait inscrit sur sa carte de visite... Au mot banquier de théâtre, je bondissais autrefois et, pris d'une belle ardeur, je consacrais de violents et hélas! inutiles feuilletons au commerce des des billets, à la claque, au jeune et intelligent directeur du Gymnase Victor Koning et au banquier lui-même que je ne connaissais pas alors... J'étais censeur et critique... Havez me rendit visite... Il s'agissait d'une pièce de café-concert interdite : l'auteur mourait de faim, et Havez se chargeait de ses intérêts ; il présenta la défense du malheureux en termes si habiles que l'interdiction fut levée. Bien entendu, il ne souffla mot des articles contre les claqueurs... Mais le soir même de la première représentation de la pièce autorisée, je reçus du banquier de théâtre une invitation à dîner. Je me trouvais, je l'avoue, fort embarrassé, d'autant plus embarrassé que le billet se terminait ainsi : « Prouvez-moi que vous ne me tenez pas rancune de tout le mal que vous pensez de moi ! Soyez gentil et ne vous souvenez que du service que vous avez rendu à mon auteur ! Vous serez en pays de connaissance : Raoul Toché, Céline Montaland et quelques autres amis. Une surtout ! »

L' « Une surtout » me décida. J'acceptai l'invitation. La cuisine fut exquise, la réunion fort gaie. La pauvre Céline Montaland chanta ses plus jolis refrains, que Toché, musicien charmant, accompagna au piano. Quant à l' « Une surtout », elle fit si bien que, durant une année, je devins, avec elle, un des habitués de cette hospitalière maison.

⁂

Havez possédait alors, en Seine-et-Oise, à Villennes, propriétés, chevaux et voitures. C'était lui qui y faisait nommer les employés des postes, les buralistes de tabac et y dirigeait la pêche à la ligne... Il était le gros monsieur de l'endroit, organisait des fêtes de charité, des concerts dans les églises des environs, et amenait à Villennes toute une petite colonie. Pour le récompenser de ses services, les Villennois le firent maire : il était devenu fonctionnaire dans l'âme et négligeait son service habituel. Koning était mort, Bertrand quittait les Variétés pour l'Opéra; Havez restait donc seul, se débattant au milieu d'auteurs nouveaux qui avaient leurs idées et leurs exigences.

Hélas! je devais causer un nouveau chagrin au nouveau maire de Villennes. Comme lui, j'étais fonctionnaire et le fonctionnariat, chacun le sait, comporte ses devoirs. Il avait donc été décidé que, pour mettre un frein à la fureur extraordinaire de certains trafiquants, la claque de nos grands théâtres serait confiée à un employé appointé qui ne pourrait, sous aucun prétexte, exercer les fonctions de marchand de billets. C'était un coup droit porté à l'Association des Claqueurs...

Le lendemain de la publication de l'ukase, je fus inondé de lettres anonymes me menaçant de mort : je reçus même la visite du sous-chef révoqué de la claque d'un des théâtres en question, — du sous-chef, vous entendez! — accompagné de ses commis principaux, rédacteurs, expéditionnaires, auxiliaires. Ces fonctionnaires, qui constituaient le Ministère de la claque, me déclarèrent que je mettais des familles entières sur le pavé de Paris. Après le sous-chef et ses employés, ce fut le chef lui-même de l'Association, le Ministre de la claque, Emile Havez, qui vint me trouver :

— Vous brisez ma carrière, mon pauvre ami, soupira-t-il.

Dois-je dire que les familles mises sur le pavé se portent à merveille, que le sous-chef prit sa retraite — une retraite dorée! — et que le nouveau système donne les meilleurs résultats? Ce n'en fut pas moins une vraie révolution dans ce petit monde...

Aujourd'hui, le calme renaît et ces messieurs ont tous trouvé de solides emplois... Quant à la Claque, malgré les prédictions d'Havez, elle est bien malade : ici, elle fut supprimée; là, elle est faite gratuitement, et je sais des petits employés, d'honnêtes ouvriers, de braves coiffeurs qui sont maintenant, à l'Opéra, abonnés de la claque, et abonnés des trois jours, s'il vous plaît!...

Le droit du chef de claque de la Comédie à une pension de retraite! La claque gratuite! Qu'aurait dit de ce nouveau bouleversement Emile Havez?... N'en doutons pas! Il se serait consolé de cet échec en se retirant définitivement chez les Villennois; il eût été nommé maire à perpétuité et fait chevalier de la Légion d'honneur!... Et nous aurions tous applaudi à cette récompense — et moi, sans nul doute, tout le premier!...

UN RÉVEILLON DE THÉATRE

Avril 1903.

La judicieuse annexion d'un des chefs-d'œuvre de Dumas, *la Princesse Georges*, au répertoire de la Renaissance, avec Mlle Brandès dans le rôle principal, m'amène à rappeler les intéressants débuts de l'artiste. Donc, un soir de réveillon, dans un modeste appartement, rue de Paradis, nous fêtâmes l'entrée au Conservatoire de la jeune élève de M. Gustave Worms.

Le repas fut d'une gaîté extraordinaire : c'était à qui lancerait le plus d'abracadabrantes folies et c'est tout juste si, au dessert, nous n'installâmes pas un loto avec le 22 — les deux cocottes — ou le 11 — les jambes à ma tante. Réunion épique que Paul de Koch n'eût pas désavouée ! Quelques douzaines d'huîtres commandées chez le troquet du coin, de bonnes côtelettes de porc, constellées de vertes rondelles de cornichons, que les fournisseurs livrent tout accommodées, les boudins de la nuit de Noël, et le tout arrosé de quelques médiocres bouteilles de jeune chablis, que faut-il de plus pour s'amuser? Et nous nous amusions, en effet, d'une joie facile, un peu grosse, mais franche et honnête, inspirée par le mauvais vin, excusée par la traditionnelle charcuterie, surveillée enfin par la maman de la débutante qui contemplait, triomphante, le premier succès de sa fille.

Les assistants? Notre pauvre ami Henry Régnier qui, impassible, présidait à ces agapes et représentait l'administration française; Georges Boyer, qui, débutant dans la carrière, faisait d'aimables vers et occupait ses loisirs à inaugurer avec douceur les « Mille regrets » du secrétariat général d'un théâtre; Georges Baillet alors jeune pensionnaire de la Comédie, qui déclarait que la jolie Marthe deviendrait la première de nos comédiennes; Adrien Vély qui, comme moi, sortait du collège, où je lui infligeai — superbe joueur de *barres* que j'étais — de formidables raclées; la gracieuse Berthe de

Choudens, escortée de son papa et de sa maman : elle aussi, entrait au Conservatoire et devait, quelques mois plus tard, devenir Berthe Cerny; enfin notre ami Philippe Crozier, aujourd'hui ministre à Copenhague, qui, au sortir de Polytechnique, hésitait entre la diplomatie et le théâtre, suivait assidûment les cours de MM. Got, Delaunay, Worms et Maubant, et honorait de son amitié les trois étoiles naissantes du Conservatoire : Marie-Louise Marsy, Marthe Brandès et Rosa Bruck — oh! le beau concours de juillet 1883!

*
* *

A tous ces aimables compagnons de Réveillon s'adjoignait un protecteur important, illustre, qui n'assistait pas à notre fête, l'auteur de *la Princesse Georges* lui-même, Alexandre Dumas.

La jeune élève de Worms avait-elle, au moment d'entrer au Conservatoire, rendu visite à l'éminent dramaturge, comme le veut l'usage et le défend le règlement de l'école?. Je ne sais! Mais la vérité, c'est qu'entre ces deux cents petites filles, débitant ou plutôt balbutiant leurs scènes de concours, une seule, Mlle Marthe Brandès, intéressa Dumas, lui rappelant par le geste, l'attitude, la mimique, le sentiment qu'elle apportait dans la compréhension du personnage, une grande comédienne trop tôt disparue : Aimée Desclée. Il suffit de relire l'éloquent, le douloureux, l'admirable discours — prononcé par Dumas sur la tombe d'Aimée Desclée, pour deviner ce qu'il pensait de la comédienne et de la femme. Elle était son artiste... Il adorait cette exquise *Froufrou* éclose dans un éclat de rire, évaporée dans une larme : il connaissait toutes les faces de ce talent multiple, tous les contrastes de cette organisation nerveuse, toutes les délicatesses, toutes les poésies, toutes les violences, toutes les ressources de cette imagination tourmentée... Un jour (c'était précisément lors de la première représentation de reprise de *la Princesse Georges* à la Comédie-Française) qu'une jeune pensionnaire demandait à Dumas, qui écoutait la pièce dans le guignol, de caractériser la nature d'Aimée Desclée.

— Ça ne s'explique pas, voyez-vous ces choses-là ! Ça est ou ça n'est pas... Ainsi le veut le théâtre et là se manifeste la supériorité incontestable du théâtre moderne sur le classique. Mlle Mars, par exemple, dont on vous parle et dont on vous parlera bien longtemps encore, appela à son aide — relisez Jules Janin ! — deux amis excellents.

— Deux amis ? fit la pensionnaire effarouchée.

— Ne riez pas ! C'étaient Molière et Marivaux : l'un austère, sérieux, solennel, l'autre bienveillant, aimable, gracieux... Et l'on vous contera que le jour où Mlle Mars a dit adieu à la scène, elle emporta Marivaux qu'elle avait, délicieuse Araminte des *Fausses Confidences*, ravissante Sylvia des *Jeux de l'Amour*, ou parfaite marquise du *Legs*, ressuscité d'un sourire. Erreur que tout cela, Mademoiselle ! Après Mlle Mars nous avons applaudi Mmes Arnould Plessy, Madeleine Brohan, des grandes coquettes, elles aussi ! Et, après elles, nous eûmes Mmes Sophie Croizette et Gabrielle Tholer, et la liste ne s'arrêtera pas là ! Des interprètes du répertoire, il y en aura toujours, vous entendez bien, tant que nous posséderons une école de déclamation, une Comédie-Française et même un Odéon. Les commentateurs pourront se quereller à perte de vue... Nul ne nous dira si le « Je vois clair dans mon cœur » de Sylvia doit être lancé à pleins poumons ou, au contraire, prononcé à voix basse. Le seul juge, c'est Marivaux, et Marivaux n'est plus là... Dites-vous bien qu'un auteur a toujours son artiste : un homme ou une femme; un favori ou une favorite. Emile Augier eut Got; Meilhac et Halévy eurent José Dupuis... Moi, j'ai plus de chance... C'est une femme, Aimée Desclée. Quant à Sardou, il les a tous, hommes et femmes !... La raison est qu'il passe, merveilleux amuseur, de la comédie au drame, du vaudeville à l'opérette, de l'opéra à la féerie. Vous-même, petite, vous aurez votre auteur. Tout arrive !

Dumas, visiblement inquiet, continuait, ponctuant ses phrases, martelant ses mots, guettant les effets des comédiens qui achevaient la scène capitale de la pièce. Un silence se fit, long, terrible, vrai silence de théâtre.

— Ils n'ont pas compris ! s'écria Dumas. Elle a pourtant bien enlevé la scène. Ce n'est pas sa faute après tout ! Elle n'a pas vu Desclée. Elle ne jouera complètement le rôle que dans dix ans... Je suis tranquille !

Dix années ont passé... Dumas n'est plus et la pièce, comme Mlle Brandès, quitte la Comédie pour se réfugier sur une autre scène. La prédiction de l'écrivain sera, j'en suis sûr, réalisée et l'artiste donnera, dans ce rôle, difficile entre tous, une nouvelle preuve de son talent assagi par l'expérience et mûri par le succès.

Que nous voilà loin du Réveillon de la rue de Paradis! Que de rôles créés ou repris au Vaudeville et à la Comédie depuis le jour où, toujours sur le conseil de Dumas, Raymond Deslandes engageait la jeune lauréate et la faisait débuter, au Vaudeville, dans une reprise de *Diane de Lys* cette *Diane de Lys* que la Comédie nous rendit il y a trois ans avec les costumes de l'époque. Mais n'est-ce pas que Dumas avait cent fois raison de proclamer qu'il est des rôles qu'un artiste ne peut jouer qu'après bien des années d'étude et de planches?

« Elle n'a pas vu Desclée », soupirait-il, découvrant ainsi l'extrême fragilité de l'art du comédien, montrant que nul ne peut peindre telle intention, noter telle inflexion de voix. Hélas! Dumas, non plus que le poète, ne prévut les prodiges du phonographe! Se doutait-il qu'on pourrait un jour conserver, suspendues à la muraille, les cavatines d'un ténor, les imprécations de Camille ou les inflexions d'Aimée Desclée, et pourrait-il redire, aujourd'hui, que cette intelligence du comédien ne laisse pas plus de traces que la barque sur l'eau ou le vol du papillon dans l'air!...

SYBIL SANDERSON

Mai 1903.

La dernière fois que je vis Sybil Sanderson, c'était il y a trois mois, au Grand-Opéra de Nice. On reprenait, ce soir-là, *Marie-Magdeleine*; il s'agissait de savoir si cet ouvrage, qui, comme on sait, fut « l'envoi de Rome » de M. Massenet, était bien fait pour la scène. Nous assistions donc à une véritable grande première bien plutôt qu'une reprise, et la salle de l'Opéra de Nice, qui, par son cadre même, se prête merveilleusement à ces solennités, était superbe : toutes les étoiles, comédiennes et chanteuses, se trouvaient à leur poste, et l'auteur, blotti dans le fond de l'avant-scène directoriale, était acclamé après chaque acte et contraint, suivant la coutume provinciale, de répondre aux applaudissements enthousiastes du public par d'aimables et nombreux saluts.

La triomphante créatrice d'*Esclarmonde* occupait une loge; j'allai, au premier entr'acte, lui rendre visite : elle était entourée d'un comte russe, d'un baron italien et d'une duchesse espagnole. Aussitôt les présentations faites, le comte et le baron se levèrent, saluèrent et prirent congé de nous.

— Ne faites pas attention, dit en souriant l'aimable Sybil... Cela vaut mieux! Ils ne parlent pas plus le français qu'ils ne le comprennent!

Et alors, avec une volubilité singulièrement inquiétante, la pauvre artiste, agitée, nerveuse, me parla de ses projets de théâtre, des engagements qu'elle allait signer, des rôles qu'on écrivait pour elle : elle s'informa de tous et de tout me demanda si les directeurs de l'Opéra et de l'Opéra-Comique étaient dans la salle, s'ils voudraient bien venir causer un instant avec elle, et si, à la fin de la représentation, elle pourrait aller complimenter son maître.

— Mon auteur favori, vous le savez bien! faisait-elle.

Hélas! ces engagements dont elle parlait

n'étaient pas signés, ces rôles n'étaient pas faits, et les directeurs n'étaient pas là... Elle savait bien que, lors de ses dernières représentations à Paris, sa santé déjà chancelante l'obligea à abandonner son poste; elle savait bien que ses forces et sa voix la trahissaient, mais elle voulait reparaître et elle se débattait contre le mal qu'elle sentait terrible et inguérissable. Oh! les cruelles angoisses de l'artiste, qui se sent diminuée, amoindrie, presque oubliée, qui appelle au secours, qui veut des rôles et encore des rôles et qui n'ose même plus, tant elle redoute les comparaisons, s'aventurer dans ceux qui firent sa gloire!

*
* *

... Et je regagnai ma place, et tristement je songeai à ma première rencontre avec l'aimable Sybil. Elle était alors en plein succès, dans tout l'éclat de sa jeunesse, de son talent et de sa beauté : à Paris et à l'étranger elle menait nombre d'ouvrages à la victoire; les portes de notre Académie nationale de musique s'ouvraient toutes grandes. M. Massenet venait d'écrire sur un livret de M. Anatole France un rôle qu'elle allait promener dans son pays natal. Car si notre délicieuse Thaïs, dont le nom seul faisait partout recettes, s'essayait dans la Juliette de *Roméo* et dans *Rigoletto*, c'était par pur amour-propre de chanteuse : mais comme elle était intelligente et fine, elle se rendait un compte très exact de ses qualités et de ses défauts et n'ignorait nullement que le répertoire lui convenait peu : elle était Esclarmonde ou Manon — et Manon même après Marie Heilbronn ! — elle était Phryné ou Thaïs ; ici comme là elle idéalisait ses héroïnes et les adaptait à sa nature, mais elle n'était — elle le disait elle-même avec infiniment de gentillesse — qu'une demi-Juliette, et je l'entends encore, répétant à ses directeurs qui, séduits par les recettes de *Thaïs*, voulaient l'utiliser dans le répertoire :

— Souple, bien découplée, bien plantée, oui ! Les poignets minces... Les jambes, vous les avez vues, mes chers directeurs, faisait-elle, en éclatant de rire, ce sont les jambes de Thaïs ! Des chevilles assez fines si vous voulez ! Mais la voix, n'est-ce pas Monsieur Gailhard, qu'elle n'est pas une voix de répertoire? Dites-le-moi, je ne m'en fâcherai pas; je ne me fâche jamais d'ailleurs... Les Américaines, elles sont bien moins sensibles que les Françaises! Ne me dites-vous pas que je suis peut-être la seule chanteuse n'ayant jamais pleuré chez son directeur? Je suis un phénomène, hein?

Cette histoire était narrée dans un français d'une incorrection amusante. Elle avait une façon particulière de chercher, de lancer et aussi d'estropier ses mots et elle riait de ce jargon franco-américain. Avec cela, de la gaîté, de l'esprit, beaucoup de malice et une constante bonne humeur : il n'en fallait pas plus pour imposer à ses directeurs ses moindres volontés et voilà comme MM. Bertrand et Gailhard résilièrent à l'amiable, sans le moindre dédit, l'engagement de la jeune étoile!...

*
* *

Le lendemain de cet entretien, auquel j'avais eu l'honneur d'assister, je recevais la visite de Sybil Sanderson.

— Cela vous étonne de me voir chez vous, monsieur?

— Un peu!

— La raison de ma visite est simple. Je voudrais les palmes et, comme je suis étrangère, je voudrais les « supérieures ».

Les « supérieures », vous le devinez, c'étaient les palmes d'officier d'instruction publique.

Et pendant qu'elle me contait pourquoi elle cachait de telles ambitions, elle se promenait dans la chambre, lisant les lettres qui traînaient sur ma table de travail, ouvrant les dossiers verts, décrochant les portraits pendus au mur, les sortant de leurs cadres, déchiffrant les dédicaces et continuant à agrémenter ses monologues de délicieux barbarismes. Tout d'abord, un peu décontenancé, je tentai de remettre en place les lettres, les dossiers, les portraits et les cadres, mais c'était peine inutile... Elle se disposait à s'en aller, non sans m'avoir recommandé d'obtenir les « supérieures » et un indispensable passe-port pour ses malles qui étaient au nombre de douze, lorsque, dans l'antichambre, elle aperçut plusieurs minuscules biscuits de Sèvres; c'étaient les médaillons en porcelaine très fine de tous les rois, reines, princes et princesses de France et de Navarre; elle me pria de lui en procurer une collection avec les « supérieures » et le passeport pour les douze malles!... Je télégraphiai à Sèvres; la collection était épuisée; le plus simple était encore d'envoyer les médaillons à la voyageuse. En même temps, je fis part à mon obligeant ami Philippe Crozier des désirs de la gracieuse Sybil. Le soir même, elle était munie du passeport; le lendemain elle possédait les souverains de Sèvres et, le surlendemain, elle obtenait les « supérieures ».

Comment vous remercier, cher Monsieur, m'écrivait-elle bien vite, et surtout comment le faire en français? Et cependant je tiens à vous faire savoir combien je vous suis reconnaissante et apprécie votre délicate attention. Je veux vous dire tout cela et je sens que je le dis mal. Enfin merci mille fois et bien cordialement.

SYBIL SANDERSON.

P.-S. — J'aimerais bien l'adresse de votre encadreur!

Je n'entendis plus parler d'elle durant de longs mois : les uns prétendaient qu'elle voyageait pour son plaisir, les autres qu'elle gagnait des monceaux d'or à l'étranger. Un beau jour, on nous apprit qu'elle allait se marier et se retirer du théâtre. Elle se maria en effet et devint Mme Terry. Elle réalisait son rêve lorsqu'elle tomba dangereusement malade; elle avait la nostalgie du théâtre et elle n'osait se l'avouer. Il y a quelques mois, elle recevait une dépêche de Paris lui demandant si elle voulait participer à un gala et soudainement, à la stupéfaction de ses médecins, elle guérit... Elle reparut sur la scène, elle reprit ses rôles favoris, et le public, toujours fidèle, l'acclama, mais la fête fut de courte durée...

— Je ne suis plus la belle Manon, je suis la petite Manette, répétait-elle alors.

De guerre lasse, elle quitta son théâtre : elle abandonna ses grands rôles et parut dans les concerts à Vienne, à Londres, attendant anxieusement l'heure du retour à Paris ; de temps à autre elle venait passer ici une quinzaine : elle entr'ouvrait son hôtel, et vite elle téléphonait aux couturiers; elle se promenait dans les allées perdues du Bois et elle se cachait au théâtre; elle invitait à sa table quelques intimes amis et elle

essayait de revivre durant quelques jours!...
Mais la lutte n'était pas égale, et la désespérance
augmentait chaque jour... Qui sait même si la
radieuse Manon, désolée d'être devenue la petite
Manette et si peu faite pour souffrir, n'est pas
partie à temps!...

SOUVENIR DE CENSURE

ET DU " GANT ROUGE "

Juin 1903.

Si je n'étais, depuis trois longues semaines, livré aux mains de la chirurgie, j'aurais sans doute présenté ma modeste déposition en cette amusante affaire du *Gant rouge* qui, d'après les communiqués officiels, doit s'arranger. Certes, mes révélations n'auraient pas jeté un jour bien nouveau sur ce petit drame; mais je n'en reste pas moins le premier, — oui, le premier, vous entendez! — qui prit connaissance du manuscrit de MM. Marot, Henri Lee et Edmond Rostand. C'est quelque chose...

Je venais alors de faire mes débuts à la Censure, et la tradition exigeait que le plus jeune des censeurs se chargeât de la lecture des chansons de cafés-concerts. Mes anciens avaient la noble mission de surveiller les grandes scènes, et, pour rien au monde, ils n'y auraient renoncé... Dirai-je que je ne considérais point du tout ma besogne comme une corvée, et que les longues discussions avec les chansonniers et les interprètes défendant leurs couplets furent parfois fort réjouissantes? On se trouvait alors en plein boulangisme: Victorine Demay, ronde, cordiale, malicieuse, raillait le « brav' général »; Paulus, beau, superbe, triomphant, popularisait le cheval noir: quant au chansonnier, c'était Delormel, l'ancien collaborateur du brave Péricaud et de feu Villemer; il était à la fois le régisseur du concert de l'Alcazar d'été et le fournisseur attitré de toutes les étoiles — et quel fournisseur! Chaque samedi, il adressait au bureau de la censure cinquante chansons, prétendues nouvelles, qu'il dénichait dans de vieux bouquins et adaptait au goût du jour. Sa fécondité était prodigieuse, et ce merveilleux rebouteux avait ceci de particulier que toutes les semaines il changeait d'opinion. Écrivait-il pour Demay? il malmenait le général, *alias* Ernest...

Travaillait-il pour Paulus? le général devenait le plus sublime des héros! Et, très naïvement, Delormel s'excusait de son insincérité :

— Que voulez-vous, répétait-il. A l'Alcazar, ils sont contre le général. Aux Ambassadeurs, ils sont pour! Il faut bien marcher avec le public!

Des cafés-concerts, je passais aux petits théâtres. J'attendais anxieusement le jour où je pourrais faire mes preuves de grand Caton et montrer, dans un rapport substantiel, que j'étais très capable de discerner le bien du mal, le moral de l'immoral. Mais, hélas! je ne voyais rien venir. Mes anciens, en cette même année, avaient eu au Châtelet *Germinal* et la Mouquette; ils reçurent même — ah! que je les enviai! — à propos de *Skobeleff*, une pantomime représentée à l'Hippodrome, des réclamations diplomatiques extraordinaires, tandis que moi, pauvre débutant, je n'avais comme pâture que *le Coq rouge*, de Louise Michel, au théâtre des Batignolles. Ce *Coq* passa inaperçu, et je restais toujours le censeur de Delormel... Quelques jours après la représentation des Batignolles, j'eus une lueur d'espérance: les Folies-Dramatiques soumet-

taient à notre visa un vaudeville de MM. Jaime
fils et George Duval, intitulé *Coquin de printemps!*... Le titre paraissait alléchant, et je
savais que Jaime fils avait été la terreur de l'ancienne censure... Mais George Duval, qui prit la
peine de m'apporter lui-même ces quatre actes,
me disait, ne se doutant pas qu'il me causait une
grosse déception :

— Vous verrez qu'il n'y a pas un mot à
changer dans notre pièce!

Georges Duval n'avait pas tort : sa pièce, très
amusante d'ailleurs, ne pouvait effaroucher la
censure. J'en fus pour mes frais et je restai,
une fois encore, le censeur de Delormel!...

*
* *

L'été arrivait : la plupart des théâtres fer-
maient leurs portes et ceux qui, comme la Porte-
Saint-Martin et le Châtelet, restaient ouverts,
nous offraient l'un, *les Chevaliers du brouillard*,
l'autre, *les Environs de Paris*... Que faire? Que
couper, que tailler dans la classique prose de
D'Ennery ou dans celle, non moins classique,
de nos amis Monréal et Blondeau? Je n'espérais

plus qu'en un seul homme: le directeur de Cluny. La scène du boulevard Saint-Germain se trouvait alors en pleine prospérité. Léon Marx, en même temps qu'il avait formé une troupe solide de bons comédiens, reconstituait avec des comédies oubliées de Labiche un riche répertoire. Georges Feydeau, qui n'avait donné que *Tailleur pour dames*, à la Renaissance, s'essayait alors à Cluny dans *les Fiancés de Loches*, un charmant vaudeville qui n'obtint pas le succès qu'il méritait; le nom de Grenet-Dancourt, justement célèbre depuis le colossal succès de *Trois femmes pour un mari*, reparaissait sans cesse sur l'affiche; Léon Gandillot allait, quelque temps après, triompher sur cette même scène avec sa délicieuse *Tournée Ernestin* et, suivant le bon exemple, certains d'y trouver d'excellents interprètes, MM. Paul Gavault, Victor de Cottens, Georges Berr délaissaient le café-concert et faisaient leurs premiers pas d'auteurs dramatiques sur la petite scène du boulevard Saint-Germain. Et, à chaque première représentation, Charles Garnier, fidèle compagnon de l'Oncle, de répéter :

— Allart, Véret, Lureau, Dorgat, mais Brasseur, Geoffroy, Lhéritier, Gil Pérès ne valaient pas mieux!... C'est l'ancienne troupe du Palais-Royal!

Il y avait quelque exagération dans ces éloges. Ce théâtre avait la veine, et la presse, d'accord avec Charles Garnier, était unanime à célébrer en termes dithyrambiques l'intelligence et le savoir-faire de Marx. Mais encore un directeur aussi parfaitement heureux avait-il le devoir de découvrir de temps à autre des jeunes auteurs. Rendons à Marx cette justice qu'il risquait de préférer ce en été de telles aventures. C'est ainsi qu'en plein mois d'août 1888, entre une fructueuse reprise des *Cinq francs d'un bourgeois de Paris* et une remise à la scène de *la Clé*, un bon vaudeville de Labiche, il donna l'hospitalité à deux écrivains absolument inconnus, MM. Henri Lee et Edmond Rostand.

Le Gant rouge devait-il être pour moi cette pièce décisive que je rêvais depuis des mois?... Les jeunes auteurs me permettraient-ils de débuter dans mon rôle de Caton? Hélas! le *Gant rouge* ne me satisfit pas plus que le *Coq* de la même couleur!... La pièce était d'une chasteté rare : un premier acte qui se passait au musée

Grévin séduisit Marx ; les deux autres lui parurent un peu longs et demandèrent à être mis au point par un vieux routier. Cet « homme de théâtre » fut M. Marot : connaissant tous les secrets de la dramaturgie, il était merveilleusement qualifié pour cette tâche. J'espérai alors que cet homme, — j'allais dire ce médecin de théâtre ! — transformerait la pièce. Mais non ! *Le Gant rouge*, visé sans ombre de correction, disparut de l'affiche après quinze représentations et je restai le censeur de Delormel !...

* * *

On sait le reste... Le successeur de M. Marx, se rappelant, non sans à-propos, que l'auteur de *Cyrano* débuta à Cluny, veut reprendre *le Gant rouge*. M. Marot ne dit pas non, M. Rostand ne dit pas oui, et M. Lee ne dit trop rien. Les uns objectent que le brillant académicien n'a pas tort, les autres que M. Marot a tous les droits : les courriéristes posent la question, les chroniqueurs la discutent et la Commission des auteurs ne la tranche pas... Où commence la collaboration ? Où finit-elle ? Grave et inextricable problème ! Collaborateurs ! Mais quel est l'homme en ce monde qui se passe d'aide et d'appui? écrivait un critique qui n'était pas une bête. Collaborateurs ! Un roi est entouré de ses collaborateurs qu'il appelle des ministres; un général d'armée est à la tête de quatre cent mille collaborateurs à la même gloire; un musicien a trois cents collaborateurs de son génie : l'orchestre, les chœurs et les chanteurs. Et voyez cette aimable femme, est-elle assez jeune, assez charmante?... Eh bien ! elle a pour collaborateurs de sa beauté non pas seulement sa vingtième année et ses deux grands yeux pleins de feu, mais le tisserand qui a tissé ces belles étoffes, le ver qui les a filées. Pas un brin de sa dentelle, pas une pierrerie à sa parure et pas un fil de son lacet qui n'indiquent la collaboration d'une foule d'ouvriers que la statistique seule oserait compter !

Et j'imagine que ce critique, en sa large sagesse, eût tenu à M. Marot le langage suivant : « En 1888, vous n'avez pas signé la pièce, monsieur ! Vous en restiez le collaborateur anonyme ! Eh bien ! que M. Rostand devienne aujourd'hui ce collaborateur anonyme que vous étiez autrefois. Votre *Gant rouge* fut, il y a quinze ans, la pièce de MM. Lee et Rostand : il sera aujourd'hui la pièce de MM. Marot et Lee... Chacun son tour! » Et je vous demande si, à tout prendre, cette solution ne semble pas très acceptable...

AU CONSERVATOIRE

Juillet 1903.

Dans un joli et pittoresque « Tableau de Paris », consacré au Conservatoire, M. Jules Claretie, insistant sur l'inutilité des recommandations auprès du jury, faisait, l'autre jour, une discrète allusion à cette élève qui, autrefois, pria un dramaturge célèbre de lui préparer une scène de concours ; elle s'imaginait que pour obtenir le premier prix, la voix prépondérante du plus influent des jurés suffisait...

A cette époque, l'important, c'était d'offrir du nouveau à un public fatigué d'entendre les ingénues dans Agnès, les grandes coquettes dans Célimène, les soubrettes dans Toinon et les amoureuses dans Henriette. Les règlements étaient alors d'une sévérité quelque peu excessive, et le répertoire moderne (peut-être était-ce un bien!) ne tenait qu'une place restreinte dans les concours de fin d'année.

Après de longues recherches, auteur et interprète dénichèrent, dans *les Trois Sultanes* de Favart, une vraie scène de concours, une scène à effet et à premiers prix, dont le seul défaut était d'être longue : l'auteur, sentant le péril, tailla dans le vif et prit le parti de coudre plusieurs scènes en une seule : ce tout, il faut le dire, fut jugé exquis, si exquis que la scène, maintes fois reprise sous la même forme, est aujourd'hui consacrée : la jeune élève, — elle était déjà l'intelligence, la vivacité et l'esprit mêmes! — remporta un succès fou auprès du public qui, par ses frénétiques applaudissements, lui décernait d'emblée le premier prix. Mais les jurés avaient été indiscrètement mis au courant de l'incident, et, lorsqu'on dépouilla le vote, la triomphatrice n'obtenait que le second prix; pour le premier, elle avait une voix, une seule voix : celle de son auteur... En dépit de l'enthousiasme du public, les jurés voulurent donner une leçon, pas bien méchante après tout, à leur illustre collègue et à sa brillante protégée.

Le héros de cette aventure était, vous le pensez bien, Dumas... Un de ses plaisirs favoris, c'était de mettre au point un acte soi-disant classique, et de se livrer à cette petite cuisine théâtrale... Quelques années, bien des années après ce concours, la Comédie-Française remit à la scène la pièce de Favart, tout exprès pour la pauvre Jeanne Ludwig. Dumas, suivant son habitude, assistait, sur le théâtre, à la représentation, car il préférait le guignol, le parloir des comédiens disait-il, à la loge d'où l'on voit mal et à la baignoire d'où l'on n'entend guère...

Jeanne Ludwig sortait de scène, heureuse de son nouveau succès...

— Venez, que je vous embrasse sur les deux joues! mon enfant, fit Dumas... Vous n'avez pas l'air de vous douter que c'est à moi que vous devez votre triomphe de ce soir?

— A vous, maître?

— Oui, à moi!... Sans moi, vous entendez bien, votre Favart et ses sultanes n'auraient jamais été tirés de l'oubli auquel ils ont droit, elles, toutes les trois, et lui encore plus!

Et Dumas conta son histoire du Conservatoire,

vieille déjà de bien des années, ajoutant en riant :

— Je vous enverrai demain ma version, celle qui me fit, à moi, rater mon premier prix !

— Et votre victime, c'est ?

— C'est la comédienne à laquelle vous ressemblez le plus !... N'allez pas lui rappeler l'histoire, au moins !... Le secret professionnel, vous savez !

*
* *

Ces temps ont disparu... Les jurés ne préparent plus les scènes de concours et les élèves ne se donnent plus tant de mal pour faire des découvertes dans le vieux répertoire. Seul, le public gronde, réclame des réformes déjà accomplies, peste contre des traditions depuis longtemps abolies et maudit invariablement le jury...

— Ce que votre jury a distribué de récompenses, c'en est indécent ! me disait, au sortir du concours de comédie, un auteur dramatique venu là pour découvrir une étoile.

Ah ! comme j'aurais voulu prouver, à mon

interpellateur, que cette générosité n'est pas si indécente et a des causes infiniment respectables. Un grand critique le dit naguère dans un retentissant feuilleton : le spectateur des concours du Conservatoire est un être très particulier ; il ne pense à rien : il trouve seulement qu'il fait chaud et il se dit qu'il serait beaucoup mieux sur quelque terrasse ombragée de tilleuls, ou près de quelque belle eau courante bordée de saules et de peupliers ; il est paisible, il est amoureux de la paix, et tout à coup, sans que rien l'y prépare, un gaillard, tout de noir habillé, hurle Othello tandis qu'une jeune fille, toute revêtue de blanc, hurle, sur le même ton, Desdémone. Ce défilé de jeunes gens qui crient et gesticulent sans rime ni raison, autrement dit sans accessoires ni mise en scène, constitue un spectacle extraordinaire, nul ne le conteste...

Mais ce spectateur — M. Théodore Dubois l'indiquait, l'autre jour, dans un malicieux rappel à l'ordre — est un invité, un simple invité ; il n'a pas payé sa place : il l'a obtenue difficilement, par faveur, car la salle, démesurément petite, ne peut contenir tous les quémandeurs ; sa présence n'était pas indispensable, et si, par malheur, il avait été absent, la journée n'eût pas été moins chaude et le jury ne se fût pas montré moins clément! Il sait tout cela, l'invité...

— Oh! ce Corneille! soupirait tristement, l'autre jour, un de ces inutiles... *Le Cid*, passe encore!... Mais *Bajazet*!...

.*.

Je laissai aller l' « invité » et, malgré moi, je songeai à ce brave juré qui, durant près d'un quart de siècle, attribua, à la satisfaction de ses collègues, *les Plaideurs* à Corneille et *le Menteur* à Racine... Et je me demandai si, à tout prendre, l'ignorance du bon juré n'est pas moins dangereuse que la sévérité, chaque année grandissante, de ces éternels fâcheux... Crieraient-ils encore à l'indécence et à l'excès d'indulgence, s'ils savaient ce que cachent de misères inavouées ces Macbeths dont les mèches font sourire, ces Chimènes dont les bandeaux semblent ridicules, ces Scapins qui semblent porter Molière sur leurs jeunes épaules?... « Celle-ci, objecte-t-on, joua la comédie à la Renaissance cent cinquante fois de suite; celui-là figura à l'Athénée dans une pièce à succès... Ils ont enfreint le règlement! Ils ne devraient pas être admis à concourir. » Mais l'affreuse vérité est là ; elle fut dite et redite aux jurés par le secrétaire général du Conservatoire. M. Fernand Bourgeat, qui s'acquitte des difficiles fonctions de préfet de police de l'École avec une rare circonspection : sans l'Athénée, sans la Renaissance, ils n'auraient pas eu de quoi manger, ces indociles élèves!

Et le service militaire qui guette ce « premier accessit » s'il ne décroche pas le premier prix! Et sa mère, comédienne excellente, dont la vie est toute de travail, attend la proclamation des récompenses; elle sait que le concours de son fils a été médiocre, que sa scène parut mal choisie, mais elle espère encore en la suprême indulgence des jurés! Mais les jurés n'ont rien pu faire, et voilà le soutien de famille qui, demain, faute du premier prix, partira pour le régiment, jetant à bas toutes les espérances maternelles!... Et cet autre élève qui, pour suivre les cours du matin au Conservatoire et pour jouer le soir, sous un faux nom, dans un théâtre de banlieue, a dû demander l'autorisation à son contre-maître, car il est ouvrier et gagne le pain de toute la maisonnée!... Et cette petite fille de quinze ans, qui, en cachette, apprit par cœur tous les rôles, qui se présenta à l'École malgré sa mère, qui assista à toutes les classes du Conservatoire sans négliger celles du lycée et qui gagne son premier prix!... La voilà célèbre, la petite maudite! Elle devient l'honneur, l'orgueil et la gloire de toute sa famille repentante!...

Ah! s'ils savaient, les « invités », avec quelle joie, en janvier, ce jury distribue secours, indemnités, bourses, pensions, à tous ces petits débutants qui, pleins d'illusions, ignorent ce que cette vie factice du théâtre cause de déceptions!... Comprennent-ils, par ces divers exemples, que la tâche du jury se trouve parfois singulièrement délicate et douloureuse? Pour ma part, j'ai eu l'honneur de faire partie de nombre de Comités et de Commissions; j'ai jeté, dans les urnes, des boules et des bulletins de toutes les couleurs... Eh bien! de toutes les assemblées administratives auxquelles j'assistai, il n'en est pas de plus haute que celle qui, présidée par le directeur du Conservatoire, juge, en pleine indépendance et en toute liberté, nos futurs comédiens!

RETOUR D'ORANGE

Août 1903.

Cela est vrai, absolument vrai : la représentation d'*Horace* au théâtre antique d'Orange fut superbe. J'ai obtenu à l'Hôtel de ville la double salve et je me hâte de dire que Théophile Gautier, dont j'invoquai les paroles, reste seul responsable de ce succès oratoire; enfin j'ai été embrassé par Paul Mounet... Voilà trois faits d'une haute importance, que mon ami Serge Basset vous signala avec une extrême bonne grâce, et que je livre, à mon tour, à la postérité théâtrale !...

Après de telles fêtes je n'eus pas le courage de reprendre le train de Paris; à l'exemple du poète à qui je dois ma victoire municipale, j'erre et je m'attarde sur ce lac, qu'il déclarait le plus beau du monde, le lac Léman. Ici, je revois Genève rayonnante, dessinant ses toits surmontés par les tours de Saint-Pierre; et là, entre deux sommets, je distingue, lorsque le temps est pur, une mince ligne de neige : c'est le mont Blanc, géant des Alpes, qui, dégagé de toute vapeur, domine l'horizon : sur la cime du géant, le capitaine du bateau nous montre Napoléon couché sur son lit de mort; c'est la classique énigme que connaissent les habitués du lac... Puis les nuages disparaissent et se fondent : la cime du grand mont prend alors cette couleur rose qui, suivant l'expression même du poète, est la pudeur de la neige, quand le soleil lui donne le baiser du soir! N'est-ce pas que cette image, qui sans doute vous fait sourire, produirait un très gros effet dans un discours d'inauguration?

Il n'avait donc décidément pas tort, ce fameux cocher d'Avignon, dont je contais naguère ici même l'histoire et qui ne trouvait rien de mieux pour séduire ses clients que de leur débiter avec un accent du cru (un accent plein d'ail, répétait notre regretté ami Henry Fouquier, qui s'y connaissait) des pages entières tirées de *Loin de Paris* et des *Vacances du lundi!* J'ai tout naturellement, dès mon arrivée en Avignon, demandé des nouvelles de l'aimable automédon qui nous divertit si fort en 1894 : il a filé pour Pompéi, il a vendu ses chevaux, il est descendu de son siège, et c'est lui-même qui maintenant guide les visiteurs à travers les célèbres ruines; il reste fidèle à Gautier et continue à agrémenter ses promenades quotidiennes de récitations savantes.

Et voilà comme, m'inspirant des sages avis du cocher d'Avignon devenu guide de Pompéi, je proclamai, en plein hôtel de ville d'Orange, qu'il est impossible de rien voir de plus majestueux que cette triomphale descente du Rhône... Les seuls noms de Montélimar, de Viviers, de Pierrelatte, de Saint-Andéol, éveillaient chez mes auditeurs des souvenirs exquis, et quand je rappelai le fameux mot : « La Provence c'est l'Italie, et Avignon c'est presque Rome! » j'avais visiblement gagné la sympathie de tout l'Avignon. Un mot de plus et je devenais conseiller municipal.

*
* *

Au fond, l'ingénieuse méthode de notre cocher d'Avignon ne date pas d'hier...

— Pour honorer une gloire, répétait jadis le doyen de la Comédie-Française, Edmond Got, il n'est rien de tel que de s'adresser à une autre gloire.

Et là dessus, ce paradoxe posé, il partait en guerre contre les traditionnels à-propos, consacrés, chaque année, à Molière, à Racine et à Corneille.

— Qu'on célèbre nos écrivains illustres, soit! s'écriait, dans un accès d'extraordinaire grognerie, notre incorrigible doyen. Seulement, prenez garde, mes enfants. A quand le tour de Beaumarchais, de Marivaux et de Regnard? Les anniversaires de théâtre, c'est comme les statues, il en pleut... Et le malheur veut qu'avec ces fêtes périodiques, les faiseurs d'à-propos sortent de tous les coins du globe! Ainsi, en ce moment, je suis, moi, en train d'ap-

prendre une poésie en l'honneur de Molière...
Écoutez-moi ça!

**Nous sommes tes enfants et ton anniversaire
Nous permet l'humble hommage et les simples discours;
L'accent plus familier montre un cœur plus sincère;
Père, c'est nous encore, puisque c'est toi toujours!**

S'appliquant à balbutier aussi mal que possible ces quatre malheureux vers et à en montrer le convenu et l'artificiel, Got repartait de plus belle :

— Cette histoire de mirliton que je viens de vous débiter est d'un grand, d'un très grand poète, sachez-le... Franchement, vaut-elle les vingt-cinq louis qu'on octroie à chaque faiseur d'à-propos et ne vaudrait-il pas mieux charger l'un de nous de lire ou de dire l'admirable morceau de La Bruyère, sur Molière, Racine ou Corneille? Pensez-vous qu'une semblable lecture ne serait pas autrement digne et des grands disparus et de notre compagnie que ces mauvais petits actes à deux vers pour un sou (j'ai fait le compte) ennuyeux pour tout le monde : le public qui ne les écoute pas et les artistes qui apprennent, pour une fois seulement, des rôles inutiles et insipides?... Et alors, pas de droits d'auteurs!

Pas de droits d'auteurs! Ces actes à deux vers pour un sou! De quel ton de pitié et de mépris notre homme lançait ces mots! D'un seul trait, il enterrait tous les à-propos... Puis, négligemment et non sans une indulgente mélancolie, il ajoutait :

— Mais Perrin ne voudra jamais admettre une telle réforme! Elle n'est pas assez compliquée!

Enfin, comme s'il voulait payer d'exemple et donner une sanction à sa méthode :

— J'espère bien que le camarade chargé de vanter, sur ma tombe, mes exceptionnelles vertus, ne se mettra pas la cervelle à l'envers! Entre toutes les oraisons funèbres qui m'ont été consacrées de mon vivant, je lui recommande celle de Banville... Qu'il la lise à l'entrée du cimetière — côté cour! — et je lui promets un joli succès de larmes — côté jardin!

*
**

J'étais en train de conter les théories de Got à une charmante comédienne venue à Orange pour applaudir ses camarades de tragédie, quand la représentation d'*Horace* commença.

Le ciel devenait d'une pureté rare, d'un bleu léger transparent, pénétré de lumière, où flottait un petit nuage blanc destiné à mieux faire valoir encore ce fond d'azur attendri...

— A l'Acropole, derrière le Parthénon, murmura ma voisine qui avait de la littérature, le ciel n'est pas plus beau!

Le fait est que, dans un tel décor, toutes les tragédies trouvent leur place. L'expérience est décisive : elle réussit il y a quelques semaines avec *Phèdre*, elle a été renouvelée avec *Horace*, et à la fin de ce mois c'est *Britannicus* qui triomphera.

Jamais M. Mounet-Sully qui, non sans quelque raison, considère le rôle d'Horace comme particulièrement ingrat, ne fut plus maître de sa voix et de sa diction. Que dire de Paul Mounet, superbe vieil Horace, d'Albert

Lambert fils, le plus parfait Curiace qu'il nous ait été donné d'applaudir, de Mᵐᵉ Weber, Camille à la fois savamment classique et délicieusement moderne, de Mᵐᵉ Moreno, qui, grâce à une impeccable diction et à un jeu d'une rare sûreté, met au premier plan le rôle de Sabine? Que dire de Mˡˡᵉ Delvair et de M. Fenoux, qui tinrent à faire le voyage d'Orange et se sont montrés dignes de tels partenaires?

Et je songeai, en écoutant *Horace*, à ce premier pèlerinage de 1888 où, avec Sarcey, Fouquier, Adolphe Brisson et Gustave Larroumet, alors directeur des Beaux-Arts, nous allions, en quelque sorte, à la découverte du théâtre de la colline. Nous pleurions tous d'émotion et nous frémissions d'admiration... Et je me demande aujourd'hui ce qu'aurait dit notre Oncle de la représentation d'*Horace*, lui qui jugeait cette tragédie indigne du grand nom de Corneille, et pestait contre l'inintelligente brutalité d'Horace, la nervosité agaçante de Camille, et ce terrible maladroit — je cite ses termes mêmes — de vieil Horace.

Il n'est plus douteux aujourd'hui que le théâtre antique d'Orange doit rester ouvert à la tragédie et à la musique classiques. Le fait d'offrir, cette année, trois séries de représentations constitue une indication précise. Il n'est pas un artiste de tragédie ou de chant qui ne rêve aujourd'hui de se faire applaudir sur cette scène unique au monde. Quelle joie le jour où Rose Caron y apparaîtra triomphante dans *Iphigénie* ou dans *Fidelio*, où l'admirable Litvinne y sera acclamée dans l'*Orphée* de Gluck, où Emma Calvé, réalisant le rêve de sa vie d'artiste, chantera *Armide*, où Lucienne Bréval y retrouvera son succès de 1894! Quelle joie le jour où Julia Bartet, naguère acclamée en Antigone, nous rendra les divines héroïnes de Racine : Andromaque, Iphigénie, Bérénice! Il y a là tout un plan de représentations classiques que doivent étudier les fidèles du théâtre antique.

Et je m'aperçois, en terminant cet article, que je ne souffle mot de l'aimable accolade de Paul Mounet : elle n'avait rien à voir avec l'allocution de l'Hôtel de Ville. J'avais, il y a bien des années, fort injustement traité l'artiste, lorsqu'à son entrée à la Comédie-Française, il s'essaya dans le répertoire moderne; j'étais fort jeune alors, et, par conséquent, souvent fort injuste; il ne m'en coûte rien de reconnaître mes torts. J'ai appris à apprécier Paul Mounet comme artiste, comme maître de déclamation au Conservatoire, et j'ajouterai comme homme. Il est de ceux qui honorent leur profession. Quand on a commis une injustice, il faut avoir le courage et la loyauté de le reconnaître.

UN AMI

Septembre 1903.

— Tu sais qu'en 1906 j'aurai mes trente ans de Parlement, c'est-à-dire mes trente ans de théâtre... J'espère bien aller jusque-là... J'aurai droit alors à ton oraison funèbre... Tu me la promets, au moins!

C'était le langage que me tenait, il y a quelques semaines, notre pauvre ami Edmond Millaud : il ne se doutait pas alors que la fin approchait, et nous-mêmes nous l'avions vu si souvent, à force de volonté, résister au mal et en triompher, que nous ne désespérions pas... Il a devancé l'heure : il n'avait que vingt-sept ans de théâtre, et me voici dans l'obligation de tenir parole...

— Surtout n'oublie pas de dire que je m'appelle vraiment Millaud, ajoutait-il en riant... Ils croient tous qu'Edmond est mon nom de famille!...

Il y avait bien un peu de vrai dans cette boutade. Ses articles étaient signés tantôt Paul Hémery, tantôt Edmond Millaud; mais à la Chambre, au Sénat, dans les ministères, au théâtre, au café, partout à Paris, on disait « Edmond », et cette appellation même, dont au fond il était fier, avait quelque chose de particulièrement cordial. Que de fois les huissiers de la Chambre (il était adoré de tous ces braves gens qu'il obligeait sans cesse), bousculés par les préparatifs d'une grande séance et ne sachant plus où donner de la tête, me trouvèrent un strapontin dans une tribune, sur la recommandation expresse de « Monsieur Edmond »!... Ses confrères de la presse parlementaire, à quelque journal et à quelque parti qu'ils appartinssent, savaient parfaitement qu'il était l'objet de ces petites faveurs, mais nul n'y trouvait à reprendre... C'est qu'il était exceptionnellement bon, serviable et généreux : il cherchait à rendre service, il aimait à faire plaisir, il prenait une joie infinie à donner une heureuse nouvelle, et la façon avec laquelle il l'apportait était toujours d'une extrême délicatesse. Comment oublierais-je, pour ma part, tout ce que je dois à cette amitié toujours en éveil? J'ai naguère compté, à cette place, par quels moyens Sarcey, il y a dix ans, obtint du ministre Spuller la promesse de me confier la surveillance des théâtres subventionnés. Notre Oncle venait de faire une conférence à l'Odéon : il se trouvait en habit, et comme la chose pressait fort, de l'Odéon il courut au cabinet du ministre: il avait, et, avec quelle bonne grâce, épuisé les arguments en ma faveur; Spuller, fin diplomate, ne disait toujours rien... Fatigué d'attendre la réponse de l'Oracle, l'Oncle s'écria :

— Alors, Eugène, mon cher ministre, vous ne tiendrez pas compte de la démarche d'un vieil ami en habit noir, et en habit, à cinq heures de l'après-midi !

— Excusez-moi, Francisque, reprit stupéfait, de sa voix tonitruante, le grand-maître de l'Université. Je n'avais pas vu votre queue de morue... S'il en est ainsi, il est nommé!

Mais ce que le ministre, séduit par la grave

tenue de l'illustre conférencier d'Odéonie, ne disait pas, c'est que tous les jours, dans les couloirs du Sénat, durant trois longues semaines, Edmond Millaud revenait, insistant, suppliant, désolé de ne pouvoir le soir me porter l'officielle nouvelle...

— Tu demeures favori, répétait-il... Mais je crains toujours l'outsider!..

Un soir de décembre 1893, quelques minutes après la visite de l'Oncle, le ministre fit venir l'informateur parlementaire :

— C'est signé!... Vous m'avez diablement embêté, mais vous pouvez vous vanter d'être un rude ami, Edmond!

Car le ministre, lui aussi, l'appelait familièrement, et comme tout le monde, par son prénom... Mais, cette fois, Edmond ne laissa pas le temps au ministre d'achever sa phrase : il sauta dans une voiture et alla embrasser mon père. Il avait de ces exquises tendresses...

* *

Bien qu'il ne fît jamais ni vaudeville, ni comédie, ni chanson, ni article de critique, il adorait le théâtre, et s'il n'avait que vingt-sept années de Parlement, il avait certainement plus de trente ans de coulisses. C'était son cousin Albert qui, il aimait à le rappeler, lui donna le goût des gens et des choses de théâtre; c'était lui qui, pour la première fois, le conduisit aux Variétés... Bertrand en était alors directeur et les artistes de la troupe se nommaient José Dupuis, Baron, Christian, Cooper, Léonce, Lassouche, Anna Judic. Qu'il fût le collaborateur de Meilhac et Halévy, celui d'Ernest Blum ou d'Arnold Mortier, Albert Millaud triomphait toujours : les Variétés lui appartenaient. Le petit Edmond — il avait alors vingt ans — assistait, heureux, à toutes les répétitions et aux moindres raccords; il voyait les artistes de près, et peu s'en fallut alors qu'au lieu de devenir rédacteur politique du *Figaro*, il ne prît une autre route : il ne rêvait que théâtre. Auteur ou directeur, comédien ou musicien? Il ne savait pas au juste, mais il voulait tâter du métier et bien souvent, en des jours de découragement — il en eut de cruels — il me disait :

— J'ai eu tort! J'aurais mieux fait... La politique est une triste chose!...

Puis, oubliant ses déceptions, il nous contait des sujets de vaudeville ou, pour parler plus exactement, ses idées de pièces... Il était en cela de la vieille école : il n'admettait pas les prétendues tranches de vie; il tenait le théâtre pour un plaisir et non pour une chaire : *Lili, la Femme à papa, la Roussotte, Nitouche, Niniche — Niniche* surtout! — lui semblaient être les chefs-d'œuvre du genre; il appréciait mieux qu'en amateur cet heureux mélange de fine et délicate comédie avec l'adroit et conventionnel vaudeville; il admirait ces extraordinaires fantoches qui, à force de fantaisie légère et d'ironie gracieuse, s'élèvent parfois jusqu'à l'observation vraie et arrivent à faire penser; bref, au théâtre d'Albert Millaud un seul était, selon lui, supérieur, celui de Meilhac et Halévy... Les Variétés, toujours les Variétés! José Dupuis, qui fut, à lui comme à moi, un de nos plus aimables camarades, nous répétait avec emphase, mais non sans justesse :

— Auteur ou interprète, pour réussir chez nous, il faut posséder la note des Variétés!...

Et plus pompeusement encore, le grand comédien ajoutait :

— Rue Richelieu, ils sont les fils de Molière ! Nous, nous avons trois pères : Henri Meilhac, Ludovic Halévy et Jacques Offenbach !

Et comme Edmond faisait la moue, Dupuis reprenait, d'un ton théâtral du plus amusant effet :

— Ton cousin Albert est notre père-adjoint !...

*
* *

Oh ! ces premières des Variétés ! Point alors de répétitions générales ; seuls quelques critiques et soiristes du lendemain et une douzaine d'amis de la maison assistaient aux dernières répétitions d'ensemble.

Et vers deux heures du matin, en cette toute petite brasserie de la rue Saint-Lazare où nous nous réunissions chaque soir, Edmond débarquait enfiévré, joyeux : il sortait de la répétition de la pièce nouvelle ; régulièrement, toujours optimiste, il prédisait un triomphe, et jamais un des joueurs de dominos, installés là jusqu'à trois heures du matin, n'eût manqué de lui poser la classique question :

— La note des Variétés, alors, Edmond ?

Le soir de la première arrivait. Toute la journée il avait correspondu avec le directeur et envoyé des chasseurs au secrétaire : il voulait que tous ses amis assistassent à la fête; à celui-ci il envoyait deux fauteuils, à celui-là une loge; il avait acheté, à prix d'or, les places chez les courtiers d'Emile Havez, et bien vite il grimpait chez Bertrand :

— Faites-moi mettre ces billets en blanc, en faveur ! C'est tout ce que je vous demande !

— Alors, vous ne voulez pas montrer à vos amis que vous les avez payés! Vrai?... Comme vous êtes naïf, mon bon Edmond! Vous seriez un bien mauvais directeur de théâtre, soupirait Bertrand interloqué.

Et le fait est que ces « premières » des Variétés gardaient une saveur toute particulière : la lecture seule de l'affiche donnait confiance. Il y avait dans toute la salle un frémissement de plaisir; d'avance, dès que Marius Boulard montait au pupitre, nous étions prêts à rire, à chanter, à applaudir et à passer une bonne soirée... Toujours la note des Variétés!...

**

Les deux cousins sont partis maintenant, le grand et le petit, Albert et Edmond, et la note des Variétés, seule, reste encore celle d'autrefois!... Hélas! que de morts sur le chemin! A chaque instant, une balle siffle invisible, mortelle; un vide se fait dans nos rangs déjà si éclaircis; un jour, c'est un guide sûr que nous perdons; le lendemain, c'est un compagnon de jeunesse qui s'en va!

Jules Cardane a, l'autre jour, éloquemment retracé la carrière du journaliste averti et avisé, qui savait écouter, garder et choisir; il a loué, comme il convenait, le camarade qui avait l'affection aussi fidèle que la mémoire. J'ose dire, quant à moi, que celui-là fut un des meilleurs d'entre nous : il savait que, dans la vie, il est plus difficile d'être indulgent et bon que d'être sévère et méchant, et il eut l'exceptionnelle vertu de pratiquer cette maxime jusqu'au dernier jour!...

LE SOUS-PRÉFET

DE CHATEAU-BUZARD

Septembre 1903.

Le Sous-Préfet de Château-Buzard, que le Palais-Royal vient de reprendre avec un grand succès, a son histoire.

C'était il y a dix ans : je me trouvais à Bruxelles. La Comédie-Française, suivant un usage aujourd'hui aboli, donnait, pendant les jours saints, trois représentations à la Monnaie. Mme Jane Hading, qui venait de débuter brillamment dans la marquise des *Effrontés* et Clorinde de *l'Aventurière*, jouait pour la première fois *Mademoiselle de Belle-Isle;* nous nous préparions à fêter, en compagnie du duc de Richelieu, de d'Aubigny, de la marquise de Prie et de quelques autres seigneurs et seigneuresses de théâtre, le triomphe de la nouvelle Gabrielle de Belle-Isle, quand une dépêche m'annonça l'arrivée de Léon Gandillot. A cette époque, le pauvre Raoul Toché ne manquait jamais, le lendemain d'une première représentation de l'auteur de *Ferdinand le Noceur*, de consacrer, dans une jolie soirée de Gavroche, quelques lignes malicieuses, jamais méchantes, à l'ami de Gandillot. Cet ami, c'était moi, en 1893, depuis nombre d'années déjà; et c'est toujours moi en 1903...

Il me fallait donc renoncer au souper en l'honneur de *Mademoiselle de Belle-Isle* et aller à la rencontre de mon ami. Je savais qu'il venait de lire aux artistes du Palais-Royal *le Sous-Préfet de Château-Buzard* et je voulais avoir des nouvelles. Gandillot, qui ne déteste pas le doux paradoxe, déclarait alors — il le déclare encore — que le succès d'une pièce devant le public est en raison inverse de l'effet de lecture devant les comédiens; il ajoute que les artistes se préoccupent avant tout de leurs rôles, des effets qu'ils pourront y faire et ne se soucient ni des autres personnages ni de la pièce elle-même. Opinion, en somme, fort admissible, que partagent nombre d'auteurs.

— Cette fois, me dit Gandillot, ç'a été navrant!... Ils n'ont pas sourcillé... Raimond seul entrevoit son rôle!

— Et Milher?

— Milher! Il dit qu'il ne vit jamais semblable panne... Et, ce qui est plus comique encore, c'est que je viens chercher ici, à Bruxelles, l'artiste qui doit tenir le rôle du sous-préfet... Ah! Si Milher lui donne son avis sur la pièce, je crains fort qu'il ne préfère la Belgique à la France!

Immédiatement, nous courûmes à la recherche du comédien; il appartenait au Vaudeville de Bruxelles, dirigé par M. Léopold Boyer, associé de M. Mussay au Palais-Royal de Paris. Nouvelle complication! Le jeune artiste se trouvait-il au courant de la situation? Tout était là.. Après de nombreuses haltes dans les cafés de la capitale belge, nous découvrîmes, rue de l'Empereur, une obscure taverne; elle était célèbre par ses sandwiches aux sardines... Nous y entrâmes... Il nous semblait d'autant plus malaisé de reconnaître le comédien que nous ne l'avions jamais vu. Nous savions seulement qu'il s'appelait Dubosc : nous savions aussi qu'en cette rue de l'Empereur naquit notre excellent camarade Cooper.

— C'est bien ici, fîmes-nous en entrant dans la Caverne aux sardines, c'est bien ici que les comédiens se réunissent après le théâtre ?

— Et les comédiennes, savez-vous ! reprit la gentille demoiselle installée au comptoir.

Le comédien arriva, et ce fut tout naturellement notre aimable interlocutrice qui fit les présentations. Il ne savait rien de la lecture, et nous eûmes la discrétion de ne pas lui en parler : il devait jouer le rôle du sous-préfet lui-même, et cela suffisait au jeune artiste... Qui ne sait que pour nos comédiens, grands et petits, porter le titre d'une pièce c'est en tenir le principal personnage !...

Après quelques mauvaises heures de sommeil très troublées par les sardines et le faro, nous fûmes réveillés en sursaut. Un télégramme de l'*Havas* — l'*Havas* belge ! — nous apprenait que Réjane était morte; je l'avais vue le jour même de mon départ, dans son joli appartement de l'avenue d'Antin, pleine de gaîté, navrée de ne pouvoir faire, avec notre amie Blanche Pierson, le voyage de Bruxelles, et nous ne pouvions croire à une aussi stupéfiante nouvelle. Hélas! Un second télégramme — toujours l'*Havas* belge! — confirmait la fin tragique de la grande comédienne; elle était morte en mettant au monde un petit garçon. Affolés, désespérés, nous fîmes nos malles, consultant l'horaire qui ne nous donnait un train qu'à midi... Nous courûmes au téléphone, mais nous comptions sans la préposée qui nous congédia en nous disant :

— Les communications avec Paris? impossible! Vous ne savez donc pas que la créatrice de *Madame Sans-Gêne* est morte cette nuit?

Au moment où nous nous apprêtions à gagner la gare, notre ami Gaston Berardi, mieux informé que ses confrères, se précipitait sur nos valises :

— Débouclez-les! Elle vit!... Elle a accouché d'un gros garçon!... La mère et l'enfant se portent bien!

Une heure après nous nous réunissions tous au bois de la Cambre, où nous fêtions la résurrection de notre amie. Le soir même nous prenions le rapide de Paris.

Au milieu d'un tel drame, Gandillot ne pensait plus guère à sa pièce nouvelle; il avait totalement oublié le refus de Milher et la catastrophe de la lecture. Quelle ne fut pas sa surprise quand, débarquant à Paris, il apprit que M. Mussay revenait tout exprès de voyage pour ranimer le cœur de ses pensionnaires, y compris celui de Milher. Certain du succès de la pièce, le directeur avait jugé inutile d'assister à la lecture, à la collation des rôles et au débrouillage des premiers jours... La pièce, grâce à son activité, se répéta rapidement et sans accroc; mais Milher grognait toujours... Son directeur lui prédisait un triomphe; il ne voulait rien entendre. Il fit mieux... Quelques jours avant la première, il invoqua un rhumatisme qui le condamnait au repos. Une fois encore, le directeur redonna confiance à son pensionnaire et guérit le rhumatisme qui, on le devine, n'avait rien de bien inquiétant... La veille de la répétition, autre affaire! Milher entendait endosser l'uniforme du général durant les trois actes ; à cette condition seule, il entrerait en scène. Dame Censure, qui a toujours bon dos, intervint, et comme j'étais un de ses représentants, j'eus la mission d'aviser Milher que, sur la scène de la rue Montpensier, mieux valait peut-être ne pas revêtir l'uniforme.

— Mais Christian dans *Mam'zelle Nitouche!* reprit le comédien avec une solennelle assurance. Le Palais-Royal vaut les Variétés, ce me semble...

— On ne vous défend rien, fis-je interloqué... Et puis, vous n'allez pas vous comparer à un roi de féerie, à un compère de revue ?

L'argument avait porté...

— Dites-leur que je jouerai le général ! Dites-leur même que je le jouerai très bien ! s'écria Milher...

Il le joua, en effet, avec un art consommé, en grand, en très grand comédien, sans forcer un seul instant la note, retrouvant sous les traits du général du *Sous-Préfet de Château-Buzard* un pendant à ses fameux rôles des *Cloches de Corneville* et du *Train de plaisir*. Et voilà la panne qu'il dédaignait à la lecture !...

Comme Milher, Raimond fut acclamé dans ce personnage si amusant de domestique qui reste,

28.

à mon sens, sa création la plus parfaite. Quant à la pièce, — un véritable petit chef-d'œuvre d'exécution en son genre, — elle alla aux nues et se maintint durant cent soirées consécutives sur l'affiche du Palais-Royal. Elle est devenue classique à cette heure, et il n'est pas une scène de province ou de l'étranger qui n'en fasse chaque hiver, comme aujourd'hui le théâtre du Palais-Royal, une fructueuse reprise.

Le drame de la lecture, le voyage de l'auteur à Bruxelles, l'antre aux sardines, le refus du comédien, le retour du directeur, la mort de l'étoile, l'uniforme et la censure, le triomphe du général... Que d'aventures ! Que de tableaux ! Et Gandillot, avec sa douce philosophie, de répéter le plus gentiment du monde :

— Ma pièce ne vaut pas mieux que beaucoup d'autres ! Elle n'est pas non plus mauvaise... Toutes les pièces se valent... Celle-là a réussi pour une raison bien simple : c'est que les directeurs voulaient la faire réussir !...

N'est-ce pas, messieurs les auteurs, qu'il y a du vrai dans cet amusant paradoxe ?

DELAUNAY PROFESSEUR

Octobre 1903.

— Delaunay, me disait son grand camarade M. Mounet-Sully, ne fut pas seulement un des premiers comédiens de notre temps et de tous les temps ; il ne se contenta pas de marquer à jamais les amoureux du répertoire, Horace, Acaste, Valère, Damis, Lélie, Dorante et Mario en passant par des jeunes premiers, tels que Clitandre des *Femmes savantes* et des premiers rôles comme Alceste ou Almaviva du *Mariage*... Perdican, Valentin, Fortunio, Cœlio, Octave, qu'il chantait de sa voix mélodieuse et éclairait d'un sourire exquis, ne lui suffirent pas, non plus que les triomphales créations d'Augier, de Dumas, de Pailleron et, avant elles, celles de Ponsard (rappelez-vous l'inoubliable « Vive le Roi ! » du

Vaugris du *Lion amoureux!*)... Il fit mieux... Le professeur ne le céda en rien à l'artiste... Un maître merveilleux de diction, certes, mais avant tout un professeur de style.

« Un professeur de style », le mot est exact... Et tandis que M. Mounet-Sully m'indiquait, d'un trait sûr, ses idées sur la science du geste et de l'attitude, sur la largeur du jeu et de la diction, je revivais ces heures charmantes et déjà bien lointaines où, spectateur attentif, j'assistais aux classes de Got et de Delaunay, de Worms et de Maubant...

La Comédie-Française venait alors de donner *le Monde où l'on s'ennuie* et Madeleine Brohan avait bien voulu se constituer la présidente des Chevreuillets. Ce qu'était cette amicale Société, je vous le contai, je crois, à cette place : l'unique article de notre règlement stipulait que celui qui n'assisterait pas à toutes les soirées de la duchesse de Réville, autrement dit à toutes les représentations de la comédie de Pailleron, serait passible d'une amende d'un bouquet de violettes... Oh! ces délicieux entr'actes du *Monde où l'on s'ennuie!* Que de fois Suzanne Reichenberg, la pauvre Jeanne Samary et notre présidente elle-même manquèrent leur entrée, au désespoir du brave Richard Mazure, sévère gardien de la scène ! Jamais le foyer de la Comédie ne fut plus gai. Perrin, qui n'y faisait que de rares apparitions, nous surprit un jour, sociétaires, pensionnaires, chevreuillets et habitués de la maison, Henri Lavoix lui-même, dégustant force limonades, et vous pensez si ce spectacle — le foyer de Molière transformé en *bar* — effaroucha l'éminent administrateur.

Un soir que Delaunay avait pris part à nos folles orgies :

— Je vous présente le plus jeune et le plus chauve de nos Chevreuillets, mon cher Delaunay, fit notre présidente... Il se propose de croquer les professeurs du Conservatoire.

Le lendemain, j'assistais au cours de Delaunay : dans l'étroite loge réservée aux auditeurs, un jeune homme prenait des notes, faisait des portraits et lorgnait les élèves.

— Encore un de mes fidèles, nous dit Delaunay... C'est M. Philippe Crozier, ancien élève de l'Ecole polytechnique et auditeur au Conservatoire.

*
* *

La leçon commençait le plus souvent par une allocution qui n'avait rien à voir avec le Conservatoire. Faisant appel à ses souvenirs personnels, se conciliant l'affection de ses élèves, forçant la sympathie de ses auditeurs, Delaunay se plaisait à conter des anecdotes sur les artistes disparus : volontiers, il donnait communication d'une lettre secrète qu'il avait retrouvée dans ses archives, et naturellement élèves et auditeurs couvraient d'applaudissements cette lecture.

— Merci, mes enfants ! Mais nous ne sommes pas au théâtre ! s'écriait le maître rayonnant. Vous troublez vos camarades de la classe de Crosti !.. Ecoutez-les, les mâtins.

Un autre jour, à la lecture de l'épître confidentielle faisait place une imitation d'un camarade célèbre. Car nul — qui s'en souvient seulement aujourd'hui ? — n'excella comme Delaunay à montrer et à grossir par un seul geste, par une simple intonation, les défauts d'un interprète : c'était de la charge et de la meilleure, de la parodie et de la plus fine. Rien qu'à entendre

Delaunay débiter une tirade de *Robert Macaire*, nous devinions ce qu'avait été Frédérick Lemaître, terrible et comique, élégant et trivial, féroce et tendre. Puis, après cette récitation improvisée, le professeur expliquait à l'aide de quels effets de théâtre les Frédérick, les Dumaine, les Taillade, les Lacressonnière, les Paulin-Ménier gardaient le privilège de provoquer ici les larmes et là le rire, et de trouver, pour exprimer les sentiments les plus divers et rendre les chocs de passions contraires, la note juste et vraie.

— C'est qu'ils avaient le panache, concluait victorieusement Delaunay, romantique impénitent, fidèle interprète de *Marion Delorme* et d'*Hernani*. Et le panache des acteurs de drame, cela s'appelle, de nos jours, tout simplement « le style! »...

Et alors, mettant ses principes en action, il montait sur la petite scène du Conservatoire : il jouait et disait indistinctement les rôles d'ingénues et d'amoureux, les grandes coquettes et les pères nobles, les soubrettes et les comiques : à Mlle Muller, il indiquait Angélique de *l'Épreuve*; à Mlle Darlaud, Cécile de *Jurer de Rien*; à Mlle Barely, Camille de *On ne badine avec l'amour*; à Albert Lambert, Oreste; à Laugier, Chrysale; à Henri Samary, Fortunio. Le mouvement des scènes, les silences, les passades, les traditions que lui avaient léguées Samson, Régnier, Beauvallet et Provost, tout chez lui était classé, catalogué. A la Comédie, au Conservatoire, à la ville, toujours et partout il était le théâtre même : il ne concevait pas — n'est-ce pas le défaut mignon de nombre d'illustres artistes? — qu'on exerçât une autre profession que la sienne...

*
**

Un comédien qui possédait à un tel degré le culte et le respect de son art ne pouvait quitter sans tristesse le public qui l'avait acclamé durant plus de quarante années... L'œil vif, la démarche souple, la voix fraîche, la taille svelte, il avait gardé jusqu'au dernier jour toutes les séductions de l'amoureux, mais il sentait ses forces le trahir et déjà, sous l'administration Perrin, il voulait prendre sa retraite : ses camarades le prièrent de revenir sur sa décision; après quelques hésitations, il se laissa faire. Un incident qui causa alors quelque tapage éclata : le Comité démissionnaire créa l'affaire Dudlay... La presse prit position : Sarcey et Fouquier se firent, comme toujours, les plus acharnés avocats du décret de Moscou ; Adolphe Brisson, quelques camarades et moi, nous suivîmes le mot d'ordre de l'Oncle... Plus d'entr'actes du *Monde où l'on s'ennuie!*... Je m'étais interdit l'entrée des coulisses ; heureusement la présidente des Chevreuillets me tenait au courant de la petite révolution et m'écrivait ce charmant billet :

... Vous vous êtes fermé, mon cher ami, pour un temps, la porte du foyer... Est-ce un grand mal pour le moment ? Des potins, des cancans, des mesquineries... Vous avez été très net dans la question Dudlay, et vous avez bien fait. Vous savez que, pour moi, je n'ai jamais varié là-dessus. Sauf Coquelin qui, ayant plus d'engagements qu'il n'en peut accepter, n'a rien à perdre, je suis sûre que les bonzes du Comité se mordent les poings de leur attitude passée. Pour moi, je suis absolument convaincue que pas un ne partira. Comment fera Delaunay ?... Je ne sais... Pour Got, cela ne fait pas un doute... Il restera...

J'ai reçu hier, d'un monsieur que j'ai bien perdu de vue et qui habite la province, une lettre prud'homme et sérieuse où j'ai cueilli cette phrase charmante : « Voici le printemps... Les dépuratifs s'imposent ! » *Sancta poesia !...* Quelle musique Gounod pourrait faire là-dessus..., *Exema polka !...*

Je suis très contente, mon cher ami, quand je vous vois et peux causer avec vous, mais je ne vous en veux pas, encore une fois, quand vos occupations vous empêchent de venir.

Au revoir, mille amitiés de votre vieille présidente et amie,

      Madeleine BROHAN.

Notre présidente disait vrai : Got resta, Coquelin alla promener le répertoire à travers le monde ; quant à Delaunay, après une magnifique soirée d'adieux, il s'adonna tout entier à son enseignement du Conservatoire.

Hélas ! il n'était plus professeur lorsqu'il y a exactement sept ans, j'allai lui demander, au nom de M. Rambaud, ministre de l'Instruction publique, de prendre part à la soirée organisée à Versailles en l'honneur de l'empereur de Russie. L'implacable et injuste limite d'âge venait de l'atteindre ; il n'avait même pas été, comme Got, nommé juré des examens du Conservatoire et cet oubli l'attristait.

— Alors, je ne suis pas tout à fait enterré ? me demanda-t-il mélancoliquement... Ma rentrée au théâtre ! au palais de Versailles !... C'est donc vrai, bien vrai ?...

Il hésita un instant ; puis reprenant courage et retrouvant toute sa jeunesse, il me récita avec un art incomparable : *l'Espoir en Dieu, la Soirée perdue, la Lettre à Lamartine...* Musset, encore et toujours Musset !

— Allons, inscrivez-moi au programme pour *la Soirée perdue*. C'est convenu ! Dix heures pour le quart... Vous m'enverrez un bulletin !

Cette rentrée fut triomphale... Ministres, ambassadeurs, tous lui firent fête et lui rendirent visite après la représentation. Et comme le Président Félix Faure le présentait à l'Empereur de Russie :

— Ma dernière, irrévocablement, cette fois, monsieur le Président, balbutia-t-il, maîtrisant mal son émotion et soutenu par son ami Constant Coquelin. Je n'en puis plus !

Perdican, il me l'avoua plus tard, goûta ce soir-là sa dernière joie de comédien...

LETTRES DE MADELEINE BROHAN

Octobre 1903.

M. Georges Claretie, avocat de talent et écrivain distingué, publiait récemment, sous le titre : *Une comédienne du siècle passé*, des lettres pleines d'intérêt dues à Suzanne Brohan, la mère d'Augustine et de Madeleine, la marraine de Suzanne Reichenberg, la tante de Jeanne, Marie et Henri Samary.

« Madame Madeleine! » La présidente des Chevreuillets!... C'est toute la Comédie-Française d'autrefois qui revit avec elle!... Et comment — je remercie M. Georges Claretie de me suggérer cette idée — résisterai-je, à mon tour, au plaisir de rendre publiques certaines lettres que Madame Madeleine voulait bien m'adresser sur son grand camarade Bressant, sa mère

Suzanne, son administrateur Perrin, son divorce avec Mario Uchard, son départ du Théâtre-Français, sur tous et sur tout enfin? Commenter cette correspondance, ce serait, ce me semble, la déparer. La voici :

Vendredi.

J'arrive de la campagne. Je suis allée à Nemours voir mes pauvres amis Bressant. Voyez-vous... Il n'y a rien de plus affreux... Paralysé complètement et la tête absolument nette, parlant encore, mais sentant que le mal gagne et pensant que bientôt il faudra deviner ce qu'il ne pourra plus dire! Il a, au milieu de cette désolation, le bonheur d'avoir auprès de lui deux êtres admirables de dévouement : sa femme, puis Jean. Jean est depuis trente ans dans la maison... Il a le culte, l'adoration absolue de son maître, il le fait vivre positivement, et ce garçon, qui nuit et jour veille, n'a jamais eu un mouvement d'impatience, un froncement de sourcils. Pour nous, les amis, Jean, c'est la personnification du dévouement serein, heureux du bien qu'il apporte à ce pauvre être! De quel cœur nous lui tendons la main! C'est rare...

Je ne vais pas bien... J'étouffe, j'étrangle... C'est éternel, ce mal!... Il est vrai que le temps est bien mauvais! Encore merci, mon cher enfant. On dit Perrin fort malade et ne reposant plus qu'avec de la morphine. Cela me fait de la peine comme amie...

J'espère que sa vie n'est pas menacée, mais je crois qu'on lui imposera le repos absolu. Perrin hors du théâtre... Il en mourrait !

On dit qu'il a un rhumatisme goutteux dans la tête et une maladie du pharynx et puis... soixante-dix ans ! Tout cela est triste.

Je vous serre bien la main, Adrien, et encore merci.

M. BROHAN.

**

Mardi.

Si vous voulez rester en bonne amitié avec votre présidente, petit chevreuillet, jamais, jamais de cadeaux, entendez-vous ! Une bonne poignée de main et un bouquet de violettes de deux sous parfois, voilà le programme. C'est dit. Toutefois, je remercie de la belle gravure, mais c'est fini, pas vrai !

J'arrive de Nemours où je suis allée voir mes amis Bressant. Toujours le même état. La tête absolument saine et le corps entièrement perclus. Si vous voyiez quelle joie c'est pour lui de causer théâtre, de voir les vieux, les amis !... Ah ! il ne faut être ni malade, ni malheureux !... Ils se font rares, les amis, en ce cas !

J'ai passé une bonne journée... J'ai été patauger dans la neige comme le bonhomme Hiver et j'avais l'air d'un ours en gaieté avec mon attirail de campagne... Mais j'ai respiré l'air pur, les sapins... C'est bon...

On me remet, pendant que j'écris, un mot qui m'annonce la mort de la petite fille de Jeanne. Ah! la malheureuse enfant! Dans quel désespoir elle doit être! Lagarde me fait dire de n'y pas aller, que Jeanne a pris la maladie de l'enfant. C'est affreux!

Au revoir. Je vous serre la main. Amitiés.

M. BROHAN.

**

21 août.

Bonjour, petit chevreuillet, vous m'avez écrit une bonne lettre, bien affectueuse et je vous en remercie. Nous sommes encore ici pour dix jours. Le pays lui-même n'est pas beau, mais les environs sont superbes. Je sale Paul tant que je peux : il prend des douches, des bains, il marche, boit de l'eau thermale et, en somme, se porte très bien. Moi, je prends des douches sur les jambes, et comme j'ai horreur des inutiles, je ne fais aucune nouvelle connaissance. Je me fais monter au plus haut point possible, et une fois là, je trotte, je cueille des fleurs très belles et d'un éclat incomparable, je mange des mûres, des fraises, des cornouilles; je vais de-ci de-là, comme il me plaît, sans voir âme qui vive et respirant le grand air pur et vif. Cette vie-là me plaît.

A propos de liberté, vous savez que le divorce a été prononcé entre moi et M. Uchard. J'en suis absolument ravie.

Voyez la loi! Le divorce eût été refusé sans la

naissance de Paul, car c'est moi qui avais demandé et obtenu la séparation de corps contre M. Uchard. La demande eût donc été repoussée, puisque c'était lui qui demandait le divorce, mais la naissance d'un fils constituant une injure grave, ça a passé sans aucune difficulté. Et voilà comme quoi, ô petit chevreuillet, votre présidente serait libre, à cette heure, d'épouser un jeune homme de vingt-cinq ans qui la prendrait pour son argent, la battrait comme plâtre et la ferait mourir de chagrin!

Au revoir, mon cher enfant, respirez le bon air, vous aussi.

Mille vieilles amitiés.

M. Brohan.

***

Samedi.

J'ai là accroché un portrait de Perrin dans son cabinet de la Comédie. C'est Adrien Marie qui me l'a donné. Perrin l'a fait prendre un jour dans ma loge et a écrit ceci dessous :

A Madame Madeleine Brohan.

Ceci est l'image fidèle d'un petit coin de cette grande maison que vous avez si bien servie et avec tant d'éclat, de cette maison où vous avez été aimée, applaudie, adorée, et que vous avez promis de ne pas quitter tant que la lumière de cette lampe éclairera à cette même place.

Votre très dévoué serviteur et ami.

Emile Perrin.

Il y a un an qu'il a écrit cela, et nous voilà partis tous deux!

J'ai du chagrin, Adrien, et, comme je l'écrivais hier à son fils... La Comédie-Française perd un grand administrateur et moi un ami. Les rangs s'éclaircissent!

Au revoir. Je vous serre bien la main.

M. Brohan.

*
* *

Hermogor (Tyrol).

Mon cher enfant, je reçois votre lettre et cela me fait doublement plaisir, parce que j'y retrouve beaucoup de mes propres sentiments. — Oui, c'est ignoble de permettre que l'on trouble l'agonie si longue et si cruelle de ce pauvre Perrin. Certes, il a des défauts ; qui n'en a pas?... Et puis laissons le directeur pour qui on est absolument injuste... N'est-ce pas odieux, cette volée de corbeaux qui n'attend pas la mort? Je suis révoltée et j'ai gros cœur... — Ma voix va bien, mais j'ai des oppressions et des étouffements terribles. Je ne pourrais rejouer sans souffler comme un marsouin, et d'ailleurs je suis partie, c'est fini et je m'en réjouis chaque jour. Je suis fort contente : Paul est admissible à Saint Cyr... et sera admis, je l'espère; il se dit sûr de son oral. Pierre est marié selon son goût et va bien mieux. Maman va bien. Le reste... au petit bonheur! Il faut, dans la vie, je crois, bien réfléchir sur ce qu'il y aurait à faire dans telles ou telles éventualités, s'occuper de ceux à qui l'on se doit et puis attendre les événements; ainsi fais-je, mon cher enfant.

Je ne peux pas vous dire, Adrien, la réelle affection que j'ai pour vous. Vous vous révoltez encore des petites saletés devant lesquelles on courbe l'échine, à cette heure, sans rien dire... J'aime ça.

Je serai à Paris à partir du 31 ou du 1er... Vous seriez bien aimable de venir me serrer la main. Au revoir, mon cher enfant. Bons souhaits pour vous et les vôtres.

M. BROHAN.

*
* *

... Quand on pense que dans deux mois, mon cher ami, il y aura un an que le pauvre Perrin est mort! Je ne peux pas cesser d'aimer mes amis morts, pas plus que mes amis vivants. Voyez-vous, Adrien, Perrin vieilli, malade, était comme une coquette qui se désole en regardant le passé. Il avait toujours été aimé, adulé, flatté. Les banquiers, les princes et les directeurs de théâtre trouvent toujours des femmes qui leur disent qu'ils ont vingt-cinq ans. Puis arrive, comme l'a dit ce pauvre Perrin, le supplice de l'incertitude, et alors le désespoir s'empare de ces êtres gâtés, quelle que soit leur valeur. J'entends encore Perrin me dire : « Voyez-vous, quand on n'est plus un homme dans toute la mâle acception du mot... mieux vaut crever! »

J'en arrive à ceci : l'article de Wolff disait la vérité : Perrin était un homme et un monsieur.

Maman va bien, malgré l'approche de ses quatre-vingts ans. C'est pour moi un grand bonheur. Pierre est toujours bien souffrant, mais pas pire. Moi, j'ai mal aux pattes, le cœur trop gras, un peu essoufflée. Mais, en somme, ça va pour mon âge. Et puis, vous savez, Adrien, le chagrin m'abat; mais le mal physique, pas beaucoup.

Au revoir, bon voyage, bon retour, mon cher enfant.

Votre vieille présidente et amie,

M. Brohan.

***

Mercredi 6.

Mon cher enfant, je viens de passer par une cruelle épreuve. Maman a failli mourir. Elle est sauvée à cette heure. Mais quels moments! Elle a eu des suffocations effrayantes... Aujourd'hui, elle est bien affaiblie, mais il n'y a plus de danger.

Hélas! on ne peut pas la guérir du plus terrible... quatre-vingts ans! Je reste ici tant que j'y jugerai ma présence nécessaire et réconfortante. Tout le monde est bon pour ma pauvre vieille mère : elle est adorée dans ce village.

Au revoir, mon cher Adrien, je vous vois peu, mais vous savez que mon amitié pour vous est toujours la même.

Que Dieu vous garde vos chers parents!
Je vous serre bien affectueusement la main.

M. BROHAN.

*
* *

Fontenay-aux-Roses, 2 mai 1887.

Ah! mon pauvre Adrien, quel chagrin d'assister à la lente agonie de cette pauvre chère mère et ne rien pouvoir pour la soulager, rien!

Je suis ici depuis un mois, ne la perdant pas de vue une minute. J'ai espéré pendant quelques jours, mais le mal est le plus fort, et le médecin me dit qu'elle va mourir. Une lumière qui s'éteint... Oui, c'est bien l'expression vraie, l'image exacte. Par instants, des lueurs qui redonnent l'espérance, puis la nuit, et dans quelques jours, ce sera la grande, l'éternelle nuit. Voyez-vous, Adrien, pendant ces heures que je passe là, près d'elle, je fais mon examen de conscience et je suis bien heureuse de ne me trouver que quelques torts de caractère vis-à-vis de cette chère femme qui va disparaître, et encore, Dieu sait si je me les reproche, ces torts!

Elle me l'a dit, il y a quelques jours : personne ne viendra que la famille et elle sera transportée d'ici au cimetière de Fresnes. Nous avons là — j'ai plutôt — un caveau de famille pour ma grand'mère, ma mère, moi et mes enfants.

Fresnes est un village où maman avait une maisonnette où nous avons tous été élevés ! C'est près de la Croix-de-Berny.

Si vous voyiez ce qui reste de ma pauvre mère... Rien !... Une enfant !

Par instants, la tête n'y est plus... Puis, à mon grand désespoir, la mémoire revient. Alors c'est horriblement cruel. Pendant quinze jours, j'ai dû la veiller en me cachant. Elle m'avait en haine, prétendant que je voulais l'assassiner, appelant les voisins au secours, voulant mettre le feu ! Aujourd'hui, elle est abattue, oppressée ; j'ai dû reprendre l'appareil à oxygène. Elle étouffe, veut partir pour Paris, aller au jardin chercher de l'air, puisque je lui en refuse !

Le médecin, le docteur Faure, est admirablement bon pour elle et la soigne très bien ; mais maman a eu quatre-vingts ans le 29 janvier. Vous avez eu bien du chagrin, Adrien, mais pensez à votre mère !... Vous comprendrez quelle doit être ma douleur.

Au revoir, merci de votre visite, mais je ne bouge pas d'ici.

Amitiés,

M. BROHAN.

*
* *

Jeudi.

Voyez-vous, mon cher enfant, il faut savoir bien mourir !... J'ai été touchée de votre lettre, votre affection pour moi vous a rendu clairvoyant. Oui, certainement, je suis triste. On ne quitte pas sans un serrement de cœur une maison où l'on a été longtemps heureuse... Mais c'est la vie, cela. Ma voix est absolument intermittente, je ne peux me risquer ainsi. J'étais résolue à partir au mois de juillet, je suis malade et je ne veux pas être payée deux mois encore à ne rien faire.

Donc linie Magdalena, qui restera, faute d'une sociétaire, une bonne amie à vous et sera toujours heureuse de vous voir, petit chevreuillet.

Votre

M. BROHAN.

*
* *

Mercredi.

Bonne et sincère amie, oui, Adrien, certes, mais femme incomparable! C'est beaucoup! Je vais un peu mieux, mais ce mieux est encore bien précaire. Voilà cinq mois que je suis tenue au lit par cette horrible chute. Merci pour ce que vous dites d'Augustine. C'est vrai, Son fils a été admirable de dévouement pendant les longs mois de son agonie. Il y avait bien longtemps que l'esprit était parti. Quelle fin! A mon tour! C'est sans effroi que je dis cela, Adrien, croyez-moi, c'est ce qui pourrait m'arriver de plus heureux. A la volonté de Dieu!

Mille bonnes amitiés,

M. BROHAN.

*
* *

J'aurais voulu donner d'autres lettres encore... La vérité, c'est que Madeleine Brohan ne se montra pas seulement une comédienne admirable qui, après avoir triomphé dans Célimène, Elmire, Sylvia, Araminte et toutes les grandes coquettes du répertoire, sut assouplir et perfectionner son talent à un tel point qu'elle trouva, vers la fin de sa carrière, de consolants et inoubliables succès. Elle fut aussi et surtout une femme vraiment supérieure : une intelligence toujours prête et ouverte à toutes choses, un esprit vif et pénétrant, une érudition large et, avec cela, une bonté rare...

— Mieux et plus qu'une femme! disait Dumas... Une âme!

A ces inappréciables dons elle en joignait un autre ; elle eut l'art de vieillir sans tristesse, avec un délicieux sourire... Elle pensait que mieux vaut devenir la plus jeune des vieilles que de rester la plus vieille des jeunes. Ce fut sa façon de changer d'emploi, à la scène comme à la ville.

En publiant quelques-unes de ses lettres, peut-être ai-je donné un peu de joie à ceux qui eurent le bonheur de connaître la femme, et aussi un peu de regret à ceux qui durent se contenter d'applaudir l'artiste.

VICTORIN JONCIÈRES

Novembre 1903.

C'était il y a quelques mois... Le Conseil supérieur du Conservatoire tenait séance; je me trouvais, autour de la table verte, voisin de Victorin Joncières; on traitait une question technique particulièrement difficile.

— Qu'en pensez-vous, mon cher Joncières? lui demanda notre président.

— Je n'en pense plus rien! répondit-il d'une voix affaiblie.

Et, comme la discussion se poursuivait, Joncières se pencha vers moi et me dit tout bas, avec un accent d'une indicible tristesse :

— Je craignais de rester en route!...

Il n'en pouvait plus, en effet... Depuis sept longues années, le chagrin faisait son œuvre lente, impitoyable... Quand nous lui demandions des nouvelles de sa santé, que nous savions, depuis la mort de sa femme, irrémédiablement compromise :

— A quoi bon vivre! soupirait-il. C'est fini! Je ne me rendais pas assez compte de mon bonheur!

Rien de plus vrai. Joncières mena près de trente ans la vie la plus calme et la plus heureuse. Il choisit la compagne de ses rêves, et tandis que *Dimitri* vengeait superbement, au Théâtre-Lyrique d'Albert Vizentini, l'échec, immérité d'ailleurs, de *Sardanapale*, c'était cette charmante femme qui, se cachant sous le pseudonyme de Jennius, préparait les notes savantes du critique et les nouvelles parisiennes du courriériste de théâtre.

Compositeur de talent, critique averti, Victorin Joncières paraissait alors appelé aux plus brillantes destinées. Chaque semaine, Pasdeloup et Colonne faisaient entendre des fragments d'œuvres françaises inédites ; ils se gardaient bien d'oublier d'inscrire à leurs programmes Victorin Joncières, lequel, dans son feuilleton, ne manquait pas de rendre un éloquent et reconnaissant hommage à ces intéressantes matinées.

.*.

Tout marchait donc à souhait au concert. Au théâtre, à l'Opéra, *la Reine Berthe* ne réussissait pas; mais suivant l'exemple de *Dimitri*, *le Chevalier Jean* réparait, à l'Opéra-Comique l'échec de son aînée à l'Opéra. Emma Calvé, alors inconnue, faisait ses débuts dans le drame de Victorin Joncières et demandait à notre pauvre amie Gabrielle Tholer — c'est chez elle que j'eus le plaisir de la voir pour la première fois — des leçons de comédie. Elle allait si je ne me trompe, chanter *les Noces de Figaro*, et, tout naturellement, l'interprète de Mozart, douée déjà d'une voix merveilleuse, mais se sentant encore inexpérimentée comme comédienne, sollicitait les avis de l'artiste qui jouait de si piquante façon la comtesse du *Mariage de Figaro*.

La carrière du *Chevalier Jean* devait être malheureusement interrompue par la catastrophe de l'Opéra-Comique. L'ouvrage, très chaleureusement accueilli à Paris, obtenait un succès enthousiaste à l'étranger, et Joncières se voyait traîné en triomphe sur les scènes de nos voisins. Mais, il ne le savait que trop, ces victoires-là ne comptent pas ; il confessait volontiers que, suivant le mot de Gautier, l'auteur qui ne reçoit pas l'applaudissement de Paris n'a qu'une réputation de province.

— Mon pauvre Chevalier Jean! faisait-il... Dire que c'est lui qui m'a fichu la guigne!

Puis, se ravisant, il ajoutait :

— A Carvalho encore plus qu'à moi, d'ailleurs...

Ce maudit Chevalier porta, en effet, malheur au musicien et au directeur. Mais alors qu'au milieu de terribles luttes Carvalho se rebiffait et reprenait pleine confiance, Joncières, lui, se décourageait et ne cessait de se lamenter sur les misères du pauvre héros...

Puis, comme si l'affreuse malchance poursuivait Joncières, une nouvelle déconvenue l'attendait. Par deux fois, il brigua les suffrages de ses confrères de l'Institut, et par deux fois les portes du palais Mazarin lui furent fermées.

Il faut le dire franchement : cet échec parut de

tous points immérité. *Dimitri, le Chevalier Jean* et les nombreux ouvrages de Joncières applaudis au concert, sa parfaite érudition musicale, tout devait lui concilier l'estime des graves académiciens de la section musicale... Mais ceux-ci ne lui pardonnaient pas d'exercer une fois par semaine, avec autant de talent que d'indépendance, les lourdes fonctions de critique.

— C'est bien fait pour moi ! Ils m'ont retoqué, répétait-il. J'ai eu trop souvent la dent dure... Je n'avais vraiment pas besoin de faire de l'esprit !...

***

Ce nouvel échec l'affligea profondément ; mais un suprême espoir lui restait. Il cachait dans ses tiroirs un grand opéra, intitulé *Lancelot*.

Eugène Bertrand, nommé directeur de l'Opéra, reçut l'œuvre et promit à Joncières de la monter immédiatement. Rappellerai-je que les promesses de l'aimable Bertrand n'étaient parfois, pour les auteurs, que de vaines espérances ? Cela se passait en 1892... Au mois de mars de l'année suivante, M. Gailhard, éloigné de l'Opéra depuis le départ de Ritt, faisait sa rentrée directoriale... Bertrand lui soumettait les engagements pris avec les auteurs et les artistes. Rendons à l'associé de Bertrand cette justice qu'il exécuta scrupuleusement les contrats... Certes, le jeune directeur avait de bonnes raisons pour se méfier du nouvel ouvrage de Joncières ; il avait été un des créateurs de *la Reine Berthe*; mais par un sentiment de coquetterie artistique dont il convient de lui savoir gré, M. Gailhard voulait préparer une éclatante revanche à Joncières. Oubliant les petites rancunes assez légitimes, en somme, de l'interprète de *la Reine Berthe*, M. Gailhard se fit un malin plaisir de tenir les promesses de son associé... Bien plus, par un singulier hasard, un véritable hasard de théâtre, la première pièce représentée, en 1900, par la direction Gailhard fut celle qui avait été la première reçue, en 1892, par la direction Bertrand.

Les répétitions marchèrent sans encombre, et le compositeur, naguère quelque peu exigeant, se montra d'une douceur extrême. Ses principaux interprètes, MM. Renaud, Vaguet et M⁽ˡˡᵉ⁾ Delna, se déclaraient enchantés de leurs rôles. Un ballet ayant été, sur la demande même de la direction, intercalé entre le deuxième et le troisième acte, l'ouvrage tenait ainsi toute l'affiche. Mais la guigne, l'horrible guigne du *Chevalier* poursuivait *Lancelot*. Les librettistes, défenseurs décidés des duos et des romances, ne se soucièrent pas des exigences de la critique musicale nouvelle. Le compositeur se tira indemne de l'épreuve, et les infortunés auteurs du livret furent une fois de plus rendus responsables d'une faute qu'ils n'avaient qu'à moitié commise. Joncières, désemparé, terrassé par le chagrin, n'avait pas eu le courage d'adapter sa partition au goût du jour.

— Je sais bien ce qui manque à *Lancelot*, nous disait-il à l'une des dernières répétitions d'ensemble... Ces quatre actes sont déjà vieux avant même qu'ils aient vécu ! Il me fallait les relire et les reprendre d'un bout à l'autre... Et quand je pense qu'on tombera sur mes collaborateurs !... Mais mon meilleur collaborateur n'est plus là !... Elle est partie !... J'aurais dû partir en même temps qu'elle !

Et le malheureux Joncières fondit en larmes.

*
* *

— Un bon musicien et un brave homme! me disait, il y a quelques années, M. Ernest Reyer. Je voterai pour lui demain, à l'Institut.

Je me suis souvenu, l'autre jour, en apprenant la mort de Joncières, de ces réconfortantes paroles de l'illustre auteur de *Sigurd*. Puis, je consultai les journaux, et je ne trouvai, exception faite du bel article de notre ami Gabriel Fauré, que des notes nécrologiques pour la plupart inexactes et d'un laconisme désolant. Et je constatai qu'au moment même où Joncières s'éteignait dans son petit appartement de la rue Castiglione, Maurice Rollinat était emporté par le plus terrible des maux... La guigne, toujours la guigne jusqu'à sa minute suprême!...

La *dernière* de Rollinat ne devait-elle pas forcément nuire à celle de Victorin Joncières?...

DUMAS ET LES COMÉDIENS

A L'INSTITUT

Le *Figaro* donnait hier la liste des candidats au fauteuil de M. Henry Roujon, élu secrétaire perpétuel de l'Académie des beaux-arts, et notre distingué collaborateur Emile Berr, examinant les titres de chaque concurrent, ne manquait pas de faire judicieusement remarquer que le grand favori devrait être M. Georges Leygues, empêché jusqu'à ce jour, pour des raisons d'ordre ministériel, de solliciter les suffrages académiques... Et M. Ernest Reyer, toujours fidèle à ses vieilles amitiés, de déclarer que, pour la première fois, il retarderait jusqu'au 5 décembre son départ annuel, afin d'être présent le jour du vote au palais Mazarin.

Au milieu de cette mêlée, se dresse un glorieux artiste, le plus grand tragédien de notre temps, M. Mounet-Sully, et déjà nous savons, par de multiples interviews, que le doyen de la Comédie-Française pose, au nom de ses camarades petits et grands, la question de confiance. Il veut savoir si décidément la profession de comédien constitue un art ou un métier; il demande si, comme le proclamait dans un ouvrage consacré à l'Institut l'ancien secrétaire perpétuel M. Delaborde, une « confraternité factice » est seule possible entre les hommes devant leur notoriété, les uns à des œuvres tirées de leur propre fonds, les autres à leur simple talent d'interprètes.

C'est contre cette « confraternité factice », sévèrement signalée par M. Delaborde, que M. Mounet-Sully proteste et a raison de protester. Une telle opinion lui paraît fausse et démodée, et là-dessus les chroniqueurs les plus autorisés plaident la cause du doyen et citent des témoignages illustres.

Un seul peut-être suffisait, celui d'Alexandre Dumas. N'est-ce pas, en effet, l'auteur du *Demi-Monde* qui, repoussant ces puériles légendes accréditées par M. Delaborde, écrivait il y a dix ans : « Ce n'est plus la scène, c'est la vie, c'est la vérité prise sur le fait; il y a là une tradition d'art qu'il faut conserver à tout prix, cet art du théâtre et du comédien étant notre véritable art national, celui où nous sommes sans rivaux depuis plus de deux siècles. C'est bien peu de chose, disent certains critiques. Gloires d'histrions! Triomphes de bateleurs! Un grand pays comme la France peut-il se contenter d'amuser les autres? Ça vaut toujours mieux que de les ennuyer d'abord, et ce qui prouve que les autres peuples voudraient bien en faire autant, c'est qu'ils s'assimilent tant qu'ils peuvent notre littérature dramatique, en attendant qu'ils en aient une. » Puis, comme si cette profession de foi ne lui suffisait pas, Dumas invoquait ces comédiens disparus qui avaient mis leur intelligence, leur talent et leur cœur au service de tant d'œuvres et tant de rôles, et tristement, il se demandait ce qu'étaient devenus tous ces visages naguère si expressifs, si lumineux et si mobiles, toutes ces âmes en vibration incessante où tant d'âmes imaginaires avaient puisé la vie.

Et que nous voilà loin, avec ces âmes en vibration incessante, honorées par Dumas, de la confraternité factice, derrière laquelle s'abritait M. le vicomte Delaborde!...

* * *

On pourrait croire que Dumas, lorsqu'il s'extasiait sur cette faculté, chez le même artiste, de se transformer si complètement dans l'expression des sentiments humains, flattait intentionnellement les comédiens dont il savait les petites faiblesses. Un fait, dont j'eus l'honneur et le plaisir d'être un des témoins, atteste que le grand écrivain mit toujours ses actes en parfait accord avec ses paroles et ses écrits.

La scène à laquelle je fais allusion se passait, si je ne m'abuse — M. Jules Claretie pourrait en donner la date exacte — au mois de février 1895. Dès l'aube, par un dimanche effroyablement hivernal, j'avais été réveillé par un formidable appel téléphonique. Mon ami Georges Bernard, aujourd'hui receveur des finances, me faisait savoir, de la part de M. Poincaré, dont il était le chef de cabinet, qu'à trois heures précises, tous les fonctionnaires des théâtres devaient se trouver réunis au foyer des artistes de la Comédie-Française. Got paraissait, ce jour-là, pour la dernière fois en public avant sa solennelle représentation de retraite, et c'était dans cet admirable rôle de Giboyer, qu'il a marqué d'une impérissable griffe, qu'il allait faire ses adieux. A l'heure fixée, j'arrivai au foyer, m'imaginant que Got était fait officier de la Légion d'honneur... La cérémonie de la rosette n'eut pas lieu, faute de croix disponibles; elle fut remplacée par un tout petit discours, mais quel discours ! Dumas, M. Roujon, M. Claretie, et quelques interprètes de la comédie d'Émile Augier — on n'avait prévenu personne — eurent un véritable régal. Jamais peut-être, M. Poincaré qui, aux concours généraux, au Centenaire de l'Institut et en maintes autres circonstances avait affirmé son beau talent d'orateur, ne se montra plus avisé, plus spirituel; jamais l'art du comédien ne fut défini en termes plus délicats. Le doyen, qui, on le sait, ne se distinguait pas par un excessive sensibilité, laissa couler une toute petite larme... Quant à Dumas, qui, en spectateur muet, assistait à la scène :

— Je me trompe parfois quand j'écris mes

pièces, me dit-il tout bas... Mais je vous affirme que je ne me trompe ni sur celui qui vient de parler, ni sur celui à qui il a parlé!... Ce sont deux rudes bonshommes!...

J'allais recevoir les confidences de Dumas sur le jeune ministre et le vieux comédien, quand nous fûmes invités à nous rendre dans la loge directoriale. La représentation fut naturellement triomphale. Got, de plus en plus ému, avait désappris son rôle; il perdait la mémoire, il s'arrêtait, mais les spectateurs enthousiastes l'écoutaient bouche béante et l'acclamaient, semblant lui dire: « C'est impossible! il faut rester! »

Et Dumas, attentif, contemplait cette salle en délire et nous répétait:

— Une mauvaise date pour notre Comédie-Française! C'est dommage qu'on ait oublié la rosette... Bah! On lui donnera l'Institut!... J'en reparlerai à mon ministre...

Mais Dumas mourut quelque temps après, et Got n'obtint ni la rosette d'officier ni la place à l'Institut.

*
* *

Faut-il aujourd'hui invoquer l'autorité de témoins plus récents? Les plus sévères d'entre nos jeunes auteurs dramatiques ne s'inclinent-ils pas devant la fertilité d'invention de celui-ci ou devant l'abondance d'idées de celui-là qui, comédien doublé d'un extraordinaire metteur en scène, trouve le moyen, en quelques heures, entre une répétition générale et une première représentation, de transformer tout un personnage, toute une scène, toute une pièce? N'est-ce donc point de la collaboration cela?

Que de fois, en leurs savantes conférences et en nos réunions hebdomadaires, Sarcey d'abord, Larroumet ensuite — celui-ci successeur de l'austère M. Delaborde! — nous montrèrent, nous découvrirent, nous déchiquetèrent ici le comédien toujours égal à lui-même, retrouvant chaque soir, à la même minute, à la même seconde, la voix, la pose et le geste en quelque sorte quotidiens; là, au contraire, l'artiste inégal, obéissant à son cerveau et à son cœur, ne sachant rien des choses convenues, répudiant le convenable et le correct, tantôt détestable, tantôt sublime, mais jamais médiocre. Avec quel art exquis et quelle malice suprême, toujours à l'instar de Dumas et à l'inverse de M. Delaborde, ils affirmaient, après de superbes discussions, qu'un comédien dépend surtout du camarade qui lui donne la réplique, tout comme un bon joueur de dominos dépend de son habile partenaire !

Disons que toutes ces théories provoquent, par leur subtilité même, d'éternelles contradictions. Le comédien, qui tient avec une égale perfection un emploi toujours le même, est-il supérieur ou inférieur à celui qui opère les plus diverses transformations ? Que de problèmes tous plus inextricables les uns que les autres ! A la vérité, les temps ont marché depuis le jour où le très honorable M. Delaborde criait à la « confraternité factice » et proclamait l'infériorité de l'« interprète ».

Mais ne suffit-il pas, je vous le demande, d'avoir suivi la mise en marche, les répétitions, les travaux, les progrès, la naissance d'une œuvre de théâtre pour apprécier chez cet « interprète » les plus rares qualités d'intelligence et de cœur ? Et voilà pourquoi aujourd'hui, ne me préoccupant ni des personnes ni des talents, je félicite le doyen de la Comédie-Française d'avoir hardiment posé la question de confiance devant l'Institut. Nous savons — nous n'avons pas autre chose à savoir! — que M. Mounet-Sully est le plus autorisé représentant de l'art tragique, comme M. Coquelin reste le premier de nos comédiens.

POUR BECQUE

Decembre 1903.

Pour Dumas! s'écrient fièrement aujourd'hui ses amis, relevant l'incroyable défi jeté au glorieux auteur de *Francillon*. M. Jules Claretie, qui monta l'ouvrage et en connut la genèse, a ici même donné des textes concluants et cité des lettres décisives. Après un tel plaidoyer la question est jugée, la cause entendue.

Cette victoire en appelle une autre aussi légitime, aussi littéraire... Ici encore, l'administrateur de la Comédie-Française ne nous refusera pas son appui; je l'ai vu, il y a quelques mois, dans des circonstances particulièrement douloureuses, tendre les deux mains à un adversaire prétendu irréconciliable; j'ai su avec quelle loyauté cette réconciliation s'opérait, et pas plus tard qu'hier, M. Jules Claretie, très simplement, m'écrivait au bas d'une modeste lettre de palmes académiques qu'il voulait bien me signaler : « Larroumet s'y intéressait ! »

Eh bien ! à mon tour, je demande au victorieux avocat de *Francillon* de jeter un voile sur le passé et de nous aider dans l'accomplissement d'une tâche que nous entreprenons en l'honneur de Becque...

**

L'an dernier M. Paul Mounet, au sortir d'une représentation classique populaire offerte dans un théâtre de faubourg, me confiait un projet artistique, que je jugeai alors d'une exécution difficile.

Il s'agissait de remettre à la scène, pour une fois seulement, une œuvre aujourd'hui oubliée, d'Henry Becque : *Michel Pauper*. La dernière reprise, l'unique reprise d'ailleurs, remonte à quinze ans ; nous la devons à M. Porel, alors directeur et excellent directeur de l'Odéon : les principaux protagonistes de cette pièce s'appelaient Mᵐᵉ Weber et M. Paul Mounet, aujourd'hui sociétaires de la Comédie-Française. L'ouvrage n'obtint qu'un succès d'estime et disparut de l'affiche après une série de représentations honorables. La critique d'alors se contenta d'établir une comparaison entre le sujet de *Michel Pauper* et celui du *Maître de Forges*, lequel venait de triompher bruyamment sur la scène du théâtre de Madame. Les amateurs de la pièce bien faite et les partisans du « ça c'est du théâtre » décernèrent la palme à M. Georges Ohnet; les autres, plus soucieux de vérité et d'observation, tout en reconnaissant que *Michel Pauper* pouvait passer pour une œuvre de jeunesse, louèrent la grande scène qui termine le second acte, et plus encore les deux derniers tableaux où à chaque réplique, à chaque mot, on découvrait la marque puissante, tragique, impitoyable, de l'écrivain auquel nous devons les admirables *Corbeaux* et l'impérissable *Parisienne*.

Mais une belle scène et deux tableaux bien venus suffisent-ils à assurer la réussite d'une pièce qui, en somme, n'est point nouvelle ? Telle fut la première remarque que je fis à M. Paul Mounet. D'autres objections se présentaient, non moins sérieuses. Comment ce spectacle extraordinaire serait-il organisé et autorisé ? Sous quelle forme allait-il être offert au public ?

— Mais à propos de Becque, parbleu ! fit mon interlocuteur bondissant... Cela ne suffit donc pas ? Vous inaugurez des monuments, vous nous accablez de statues, je passe mon temps à apprendre des à-propos en l'honneur d'illustres inconnus sur lesquels vous accumulez des discours ! Et vous qui avez connu Becque, qui l'avez profondément aimé et estimé, qui méprisez toutes les stupides calomnies entassées sur ce grand écrivain, vous hésitez un instant à faire pour lui ce qu'on a fait pour tant d'autres !

Paul Mounet vainquit mes hésitations, tant sa parole était sincère, cordiale et vibrante. Toutefois, je lui indiquai que la Comédie-Française n'avait jamais autorisé une représentation unique dans des conditions semblables ; je lui rappelai, d'autre part, que notre regretté ami Gustave Roger, en dépit des malentendus qui s'étaient produits entre Becque et la Société des auteurs dramatiques, avait entrepris, une première fois avec MM. Sardou et Henry Baüer, une seconde fois avec MM. Octave Mirbeau et Antoine, de pressantes démarches auprès du Conseil municipal et de la direction des beaux-arts.

— Mais Roger est mort, reprit l'interprète de *Michel Pauper*, Dalou aussi! Et puis, croyez-moi, pas de souscription! Une seule représentation de *Michel Pauper*, et, quelques mois après, nous inaugurerons le monument. Oh! je sais que tout cela n'est pas commode à mettre en train! Mais obtenez l'autorisation et j'en fais mon affaire avec quelques camarades qui se souviendront que Becque n'a pas été un mauvais homme... Nous en reparlerons l'hiver prochain, à la première occasion.

Cette occasion s'est offerte, et plus tôt que nous le pensions. Un communiqué municipal ne nous avertissait-il pas tout récemment que la tombe de Becque avait disparu?

— Ça y est maintenant! s'écria le tragédien triomphant. Puisqu'on a décidément perdu les dépouilles du pauvre Becque, faisons au moins vivre et durer son nom!... A quand *Michel Pauper*? Une seule fois! Ne manquez pas de le dire, diable! Je me charge du choix du théâtre, des interprètes et des répétitions!...

**

Voilà l'idée, voilà le projet de Paul Mounet... M. Jules Clarelie se faisait, l'autre jour, l'éloquent avocat des vaincus de la vie et des maltraités du sort et réclamait la pitié pour les dédaignés. Mais est-ce que Becque ne fut pas un de ces maltraités? Est-ce qu'il n'aima pas, avant tout et par-dessus tout, les innocents, les dépourvus, les accablés, ceux qui se débattent contre la force et contre toutes les tyrannies? Est-ce qu'au moment, où toutes les rivalités d'écoles cessent devant le nom respecté de Dumas, il ne convient pas de détruire ces vilains mots d'auteurs et ces fausses légendes qui, depuis trop longtemps, ternissent la mémoire de Becque?

On a fait bien des portraits de l'homme, on a bien souvent disserté sur le génie de l'écrivain et je n'entends point rechercher si Becque fut le chef du pessimisme moderne et révolutionna notre théâtre. Mieux vaut garder la formule de Dumas et affirmer qu'en art et surtout en art littéraire, il n'y a pas d'écoles, il n'y a pas de genres, il n'y a pas de vérité, et qu'il n'y a que ce qui dure. Mais ce que j'ai bien le droit de redire, c'est que cet homme, qui de sa voix tonitruante faisait des mots, lançait des flèches, déchiquetait ses semblables, fut, en réalité, un tendre, un sentimental, un poète. Il aurait pu, comme tant d'autres, se laisser imposer d'utiles collaborations, signer avec les directeurs d'avantageux traités : il aurait même pu éviter la misère ! Mais non ! il préféra l'indépendance : il se refusa les satisfactions faciles, et j'ose ajouter qu'il rendit des services de toutes sortes, jusqu'à des services d'argent. Eh oui ! Becque faisait vingt-quatre heures de chemin de fer avec douze sous dans sa poche, et cela ne l'empêchait pas d'obliger les vieux comédiens et les débutants. Et je ne dis rien du chef de famille qui, épuisé, à bout de forces, chaque mois, prenait le train pour La Rochelle, où il allait embrasser ses petits-neveux...

« Les grandes tristesses, m'écrivait-il le jour de la mort de sa mère, ce ne sont pas, mon ami, mes pièces qui tombent, ce sont les places du foyer qui restent vides ! »

Une autre fois, en janvier 1899, quelques mois

avant de mourir, il m'adressait le billet suivant :

Mon cher ami, je ne déjeune plus !... Il m'est interdit de manger quoi que ce soit. J'ai eu toutes les peines du monde à obtenir de mon médecin un croissant, un pauvre petit croissant d'un sou. J'avale trois litres de lait par jour, et ce n'est rien de les avaler. Cette maladie, qui n'en est pas une — on le croit du moins — est un embarras, une privation, une souffrance de tous les instants...

Henry Becque.

Un pauvre petit croissant d'un sou, un bouquet de violettes fanées, une boucle de cheveux dans un cadre cassé... C'était sa vie, la vie du poète ! Voilà son excuse, et voilà pourquoi nous réclamons son entrée dans ce service, qu'il appelait si joliment : le service des statues !

SOCIÉTARIAT ET SOCIÉTAIRES

Décembre 1903

Les mémoires du temps — et vous savez qu'il convient de se fier toujours aux mémoires du temps — attestent que la Comédie-Française avait autrefois deux foyers d'artistes : celui des sociétaires, vaste, somptueux, où les habitués se donnaient rendez-vous ; celui des pensionnaires, étroit, triste et pauvre, si pauvre que la Contat, la grande « part entière » de l'époque, se serait un soir écriée :

— Je voudrais bien aller causer avec vous, mes chers pensionnaires, mais je crains que mon costume ne s'abîme sur vos parquets ! Et puis l'air, chez vous, devient irrespirable !

La Contat d'aujourd'hui, Mme Bartet, ne tient pas, je vous l'affirme, de semblables propos : le foyer du pauvre a heureusement disparu. Toutefois, ainsi que l'exige le fameux décret impérial de 1812, le sociétariat seul concède tous les droits, tous les privilèges, toutes les faveurs, et un artiste n'est vraiment de la Maison — je cite le terme technique — que le jour où ses pairs le reconnaissent digne de devenir l'associé de la Compagnie.

Sarcey qui nous laissa, sur la Comédie, des pages inoubliables, répétait avec son robuste bon sens : « La Maison de Molière ne constitue pas, à proprement parler, un théâtre ; c'est une monarchie constitutionnelle, dont l'administrateur général reste le roi, et les sociétaires du Comité d'administration les ministres. »

Donc ces ministres, sous la présidence et sur la proposition de leur administrateur-roi, jugèrent que Mmes Cécile Sorel et Thérèse Kolb participeraient désormais, chacune pour un quart de part, aux bénéfices de la Société.

*
* *

Voilà donc deux sociétaires appelées à tenir le premier rang dans le grand répertoire.

Dirai-je qu'on doit savoir gré au Comité d'administration d'entrer dans une voie qui ne peut que donner les plus heureux résultats? Le répertoire n'est pas seulement la force de la Comédie; il en est aussi la raison d'être : un jeune premier qui n'a pas joué Clitandre des *Femmes savantes* et qui s'est intentionnellement confiné dans les amoureux modernes, reste un comédien de genre égaré chez Molière; de même une jeune première qui dédaigne Aricie et Henriette, Mme Sarah Bernhardt serait-elle l'artiste que nous admirons tous, si elle ne savait, à ses heures, idéaliser les héroïnes de Racine? Mme Bartet tiendrait-elle, en cette même Comédie, la première place, si aux triomphes remportés dans le drame moderne elle n'ajoutait ceux d'Armande, de Sylvia, de Bérénice, d'Andromaque et d'Iphigénie?

La vérité, c'est que pour bien dire le Dumas il est indispensable de s'être rompu à la prose de Molière. On peut être un comédien de haute valeur — témoins les Febvre, les Dupuis, les Antoine, les Huguenet — sans avoir passé par l'École de déclamation... Mais je crois tout de même — et ni M. Coquelin, ni M. Mounet-

Sully, ni M. Guitry ne diront le contraire — que si l'on ne profite que médiocrement du Conservatoire lorsqu'on y est élève, on n'en apprécie que mieux les bienfaits quand on en est sorti... Et ces deux essentiels bienfaits s'appelaient autrefois et s'appellent encore aujourd'hui : la diction et le style.

.*.

Jamais, d'ailleurs, nominations de sociétaires ne rencontrèrent une approbation aussi unanime que celles de Mmes Sorel et Kolb. Sans doute, quelques chroniqueurs avisés insinuent doucement que les retraites récentes laissent disponibles de nombreux douzièmes et ils en concluent que certains pensionnaires hommes, attendant depuis longtemps leur tour et ayant prouvé leur indiscutable talent, auraient pu, sans inconvénient, figurer dans la promotion... Je rassurerai nos confrères en leur transmettant la jolie réponse d'une aimable sociétaire :

— Pourquoi ils ont, cette année, oublié de nommer des hommes ? Mais parce que les femmes sont exclues du Comité, parbleu !

La raison, en somme, n'est pas mauvaise. Patience, d'ailleurs! Le féminisme ne nous guette-t-il pas de tous côtés? N'applaudissions-nous pas, il y a quelques jours, à Ba-Ta-Clan, la scène populaire par excellence, une de nos distinguées « confrères », M™ Brémontier, qui se faisait, pour la circonstance, conférencière, et indiquait à deux milliers de spectateurs les beautés d'une tragédie de Racine? Notre Conservatoire lui-même ne donna-t-il pas le premier l'exemple, et le bon exemple, en appelant, l'an dernier, au Comité des examens de l'École et en même temps au professorat officiel, une grande artiste, qui honore au plus haut point l'art musical français : M™ Rose Caron? Sociétaire, M™ Rose Caron! sociétaire, notre conférencière! Et tout à l'heure ministresse de la Maison de Molière, la spirituelle comédienne qui nous livrait la cause de l'échec des hommes au sociétariat!

*
* *

On vous a conté la belle et déjà longue carrière de M™ Thérèse Kolb... C'est sous la direction Duquesnel, à l'Odéon, que nous la vîmes pour la première fois. Elle s'appelait alors Marie Kolb; en entrant chez Molière, Marie devint Thérèse, et cela pour ne pas être confondue avec son chef d'emploi, l'excellente Marie Kalb. A la Comédie comme à l'Odéon, elle est Toinette du *Malade*, Cathos ou Madelon des *Précieuses*, Martine des *Femmes savantes*, Dorine de *Tartuffe*, Lisette du *Légataire* et des *Folies*; elle est aussi devenue Frosine de l'*Avare*. Possédant tous les secrets du répertoire, elle nous montre, avec un art minutieux, qu'autour de ce personnage difficile, compliqué, tout en nuances, qu'on nomme une marchande à la toilette (on l'appellerait autrement aujourd'hui!), il y a du rire et des larmes, de la richesse et de la misère, du vice et même de la vertu... Ah! la vraie Frosine, savamment classique et ingénieusement moderne, qu'elle nous découvre! la Frosine achetant les vieilles dépouilles et les jeunes défroques, trafiquant du haillon et aussi de la dentelle, colportant le gant brodé et le jupon défraîchi, se faufilant dans la riche maison et la pauvre mansarde, mêlée à toutes les intrigues et s'y mettant d'elle-même quand on ne l'y met pas!... Frosine chez Molière, Mme La Ressource chez Regnard, le nom ne fait rien à l'affaire : le personnage reste debout, campé en chair et en os, éternel !

Et demain, cette même comédienne, qui nous procure ici le plaisir d'une très rare perfection, jouera les mères dans la comédie moderne, et plus tard les duègnes du répertoire classique. Oui, un jour, si elle le veut, elle sera Bélise après avoir été Martine ; elle sera l'acariâtre Mme Argan après avoir été l'accorte Lisette ; elle sera Mme Jourdain après avoir été la soubrette Nicole.

.˙.

On a dit ici même que Mlle Sorel offre aux méditations des philosophes le modèle d'une obstination superbe et triomphante : rien n'est plus juste.

Un simple fait, dont je fus le témoin, indique avec quelle ardeur la jeune soubrette poursuivait intelligemment son but. Elle venait de remporter à l'Odéon des succès décisifs qui lui valaient son engagement immédiat à la Comédie ;

mais un hasard malencontreux l'empêchait de jouer devant les abonnés du second Théâtre-Français les deux principaux rôles classiques de grande coquette, Célimène et Elmire; elle était prête cependant à les aborder, car elle avait nuancé de délicieuse façon la troublante Sylvia du *Jeu de l'amour*, et elle savait bien qu'une comédienne, qui s'aventure avec succès dans les tortueux sentiers du subtil Marivaux, n'a point de peine à triompher dans les larges allées du grand Molière... On donnait alors des soirées classiques dans les théâtres de faubourgs et on essayait d'imposer Molière, Corneille, Racine à nos petits Parisiens...

— Si vous affichiez *le Misanthrope?* demanda crânement la belle comédienne à l'organisateur de ces spectacles.

— Les cinq actes de Molière! en costumes! mais vous n'y pensez pas, fit en bondissant l'impresario.

— Je gage que partout vous refuserez du monde! reprit Célimène. Nous aurons, nous, d'excellentes répétitions, et vous assurerez, vous, le succès de vos représentations chez les petits Parisiens.

La tournée fut, en effet, triomphale, et quand, après cet essai, M¹¹ᵉ Sorel parut à la Comédie dans ce rôle redoutable entre tous, elle conquit d'emblée tous les suffrages; les juges les plus difficiles déclarèrent que la vraie grande coquette, digne héritière des Brohan, des Plessy et des Croizette, était née : ce fut un enchantement... Après Célimène, la marquise de Prie; après la marquise, Elmire; après Elmire, la baronne de l'Étincelle, et, entre temps, Priola et l'Autre Danger... Jeux que tout cela !

Et voilà qu'en moins de deux années la Musette d'autrefois, réalisant un rêve qu'elle croyait elle-même irréalisable, a gagné le titre si envié de sociétaire... Et c'est encore Eugène Bertrand qui voyait juste lorsque, dirigeant les Variétés, il répondait à Léon Gandillot :

— Vous me demandez si ma petite pensionnaire Cécile Sorel pourrait créer votre Mariée récalcitrante à Déjazet? Je vous la refuse!

— Et pourquoi?

— J'ai déniché, et je m'en vante, Céline Chaumont; j'ai déniché Judic, j'ai déniché Réjane!... Aujourd'hui, j'ai deux autres étoiles que je garde prudemment en réserve.

— Elles s'appellent, vos étoiles? reprit l'auteur désappointé.

— La première, Cécile Sorel; la seconde, Yvette Guilbert. Retenez bien ces deux noms-là !

Mais Bertrand, malgré ses rassurantes prédictions, laissait ses deux petites étoiles se morfondre dans l'inaction. Désolées de ne jouer aucun rôle, elles quittèrent les Variétés, et bravement, confiantes en leur destinée, triomphant gaiement de tous les obstacles, elles partirent toutes deux pour la gloire!... Elles sont heureuses, pleinement heureuses aujourd'hui, les deux charmantes camarades et elles ont ceci d'assez particulier qu'elles méritent leur bonheur...

TABLE DES MATIÈRES

Pages.

LES THÉATRES POPULAIRES

En Alsace.	3
A Vienne.	16
Le Théâtre de Berndorf.	29
Les Théâtres de Vienne.	41
Les Théâtres populaires de Berlin.	58

LES THÉATRES POPULAIRES A PARIS

Les Représentations classiques et populaires dans les théâtres de faubourgs.	71
Le Théâtre Ceinture à Paris.	82
Les Représentations dans les théâtres de faubourgs et le Conseil municipal.	97
Le Fonctionnement des Représentations-Ceinture.	106

SOUVENIRS DE THÉATRE

Madeleine Brohant. Maubant.	119
Silvain. Gabrielle Tholer.	129
Le Comité de 1882.	139

TABLE DES MATIÈRES

	Pages.
Octobre 1876 et « Rome vaincue ».	149
Le Café de la Comédie.	165
Le Pompier d'Alexandre Dumas.	175
Trente ans de Concert.	182
Les Débuts de Mme Rose Caron.	192
Le Théâtre de M. Guitry.	200
Les Débuts de M. Leoncavallo.	215
L'Ancien Chat noir.	224
Au Théâtre de Munich.	231
Missions de Théâtre.	242
Les Gros de Théâtre.	251
Claque et Claqueurs.	260
Un Réveillon de Théâtre.	269
Sybil Sanderson.	277
Souvenir de Censure et du « Gant rouge ».	286
Au Conservatoire.	295
Retour d'Orange.	304
Un Ami.	314
Le Sous-Préfet de Château-Buzard.	323
Delaunay professeur.	331
Lettres de Madeleine Brohan.	340
Victorin Joncières.	353
Dumas et les Comédiens à l'Institut.	361
Pour Becque.	370
Sociétariat et Sociétaires.	378

Paris. — L. MARETHEUX, imprimeur, 1, rue Cassette.

www.ingramcontent.com/pod-product-compliance
Lightning Source LLC
Chambersburg PA
CBHW052047230426
43671CB00011B/1818